楼上讲章

救主的心肠

Lessons from the Upper Room

The Heart of the Savior

辛克莱·傅格森（Sinclair B. Ferguson） 著

王处敬 译

Originally published in English under the title:

Lessons from the Upper Room: The Heart of the Savior

© 2021 by Sinclair B. Ferguson

Published by Ligonier Ministries

421 Ligonier Court, Sanford, FL 32771

Ligonier.org

楼上讲章：救主的心肠

辛克莱·傅格森（Sinclair B. Ferguson） 著

王处敬 译

责任编辑：刘一新

封面设计：杨培

内文排版：王江风

出版：忠信福音出版社

ISBN: 978-1-958708-52-1

电子书ISBN: 978-1-958708-53-8

除非特别说明，本书所有经文均引自和合本圣经。

这是一本不可多得的好书。我阅读时常常想起马丁·路德（Martin Luther）的一句话："圣经中每一朵小雏菊背后，都隐藏着一大片草场。"许多信徒不止一次读过《约翰福音》13至17章，甚至觉得自己已经熟知这几章经文的含义了。我之前也是这么认为，直到读了辛克莱·傅格森写的《楼上讲章》。就像他睿智的洞察："我们的思想太有限了，很难充分理解那位掌管万有且无法测度的主到底在做什么。"但是越往后读，我就越深深地迷上了那个不可思议的楼上房间，越想聆听和学习主当时所说的每一句话，也越发喜爱这些话。书中用了很多浅显易懂的示例，给出了温暖人心的应用。我永远也忘不了作者讲的《吸烟国的陌生人》这个寓言故事。《楼上讲章》是傅格森的巅峰之作。一定要买上两本，一本自己读，一本送给别人，这实在是不可多得的宝贝！

——约翰·布兰查德博士（Dr. John Blanchard）

传道人，教师，护教学家，作家

英格兰班斯特德

圣经中鲜有哪处经文的影响力能与《约翰福音》的临别讲章相比，但是这篇讲章中的信息并不容易理解。辛克莱·傅格森从整本圣经的角度，帮助我们将这篇讲章像拼图一样完整地拼在一起。请拽过一把椅子，坐下来认真听听，傅格森是如何帮助我们明白耶稣对门徒所说的话，还有他在父面前的祷告。耶稣去世前最后一晚就像戏剧，一幕一幕在书中徐徐展开，作者也解释了每一幕的含义，并详细说明了为什么这出戏剧对今天的我们依然是一个好消息。这就是傅格森一贯的做法，他会从整本圣经的角度敏锐把握每处经文，并始终着眼于救主和他的工作。你可能很熟悉这些经文，也可能是初次阅读它们，但不论是哪种情况，这本书都能鼓励你、启发你、光照你。拿起来读一读，你一定会满心欢喜！

——布兰登·克罗博士（Dr. Brandon D. Crowe）
费城威斯敏斯特神学院新约教授

在任何一个世代，包括我们这个世代，都很少有人像辛克莱·傅格森这样，所写的每本书都是必读经典。他透过这本书，让我们穿越到了马可楼上，与耶稣在一起，见证他在地上侍奉的最后几个小时。你会感觉自己就在现场，坐在主的身边，享用桌上的食物，听门徒诉说他们的焦虑，并聆听耶稣那能改变一切的话语。不论你已经与基督同行多年，还是刚成为基督徒，傅格森博士花费多年时间对这几章经文的默想，加上他那无与伦比的牧养智慧，都会让你大有收获。从非学术的角度来看，在已出版的所有讲解《约翰福音》13至17章的书中，这本书是最出色的。

——加布里埃尔·弗虑勒博士（Dr. Gabriel N. E. Fluhrer）
南卡罗莱纳州哥伦比亚市第一长老会教会门训副牧师

逾越节以前，耶稣知道自己离世归父的时候到了，他既然爱世间属自己的人，就爱他们到底。

——《约翰福音》13章1节

**致我的多萝西（Dorothy）和
路得（Ruth）——**

你们是富有爱心的帮助者，
散发着智慧气息的顾问，
一心一意建立家室之人，
我一生的挚友。

我深深地爱着你们，也深深地感激你们！

目 录

　　《楼上讲章》邀请我们与耶稣的门徒共度几小时光阴，听听主的教导，看看主是如何为门徒祷告，也为你祷告的。这本书基于《约翰福音》13至17章写成。这五章内容用短短的155节经文，不到四千字，将清教徒作家托马斯·古德温（Thomas Goodwin）所说"可以窥见基督心肠的窗户"，清晰地呈现在我们面前。①

　　上学的时候，我就觉得《约翰福音》这部分经文有着非同寻常的意义。我时常想，哪怕只是为了自己的成长，我也应该就这部分经文写本书。最终还是林格尼尔福音事工直接促使我写下了这本书。2014年他们邀请我围绕这五章经文，录制一个十二集的系列短讲。

　　从某种意义上说，这本书就像当时录制的"视频脚本"。其实并非如此。因为这本书是录制完几年之后才写的，而且比当初录制的视频脚本长了一半。如果你当时在录制现场，或者看过视频，会发现视频内容与这本书彼此呼应。只是这本书更详细地讲解了这五章美妙的经文。所以哪怕你在录制现场，哪

---

　　① Thomas Goodwin, *The Heart of Christ in Heaven towards Sinners on Earth* (London, 1651), 收录于 *The Works of Thomas Goodwin* (Edinburgh, Scotland: James Nicholl, 1862), 4:96。

怕你看过或听过视频，我也希望你能通过本书得到新的收获。

2   即便如此，《楼上讲章》也根本没有讲出《约翰福音》13至17章的所有内容。借用约翰的话来说，若是那样的话，所写的书就是一整个书架也装不下！

这本书也不是严格意义上的解经书。它更像我家"智能"电视的"口述影像"功能，可以流畅地解说荧幕上的动作变化，帮助那些只能听到人物对话但看不清荧幕的人跟上剧情的发展。无论如何，我希望读者在阅读过程中，可以像我这个作者一样，有些时刻觉得自己身临马可楼"现场"，与基督相遇，看着他，聆听他的教诲和祷告。

我很荣幸，能够与林格尼尔福音事工及其下属的出版机构合作。特别感谢林格尼尔的音视频制作团队和编辑团队；我不仅得到了他们的指导，还和他们建立了亲密的友谊。感谢和我一起参加两天密集录制的工作人员，我们一同聆听了耶稣的临别讲章。当然，除了神，我最需要感谢的就是我的妻子多萝西和心爱的家人们。他们在生活的方方面面都给了我极大祝福，在本书的成书过程中更是如此。

第一章

基督的心意

《约翰福音》13章1至12节

　　逾越节以前，耶稣知道自己离世归父的时候到了，他既然爱世间属自己的人，就爱他们到底。吃晚饭的时候（魔鬼已将卖耶稣的意思放在西门的儿子加略人犹大心里），耶稣知道父已将万有交在他手里，且知道自己是从神出来的，又要归到神那里去，就离席站起来脱了衣服，拿一条手巾束腰。随后把水倒在盆里，就洗门徒的脚，并用自己所束的手巾擦干。挨到西门彼得，彼得对他说："主啊，你洗我的脚吗？"耶稣回答说："我所作的，你如今不知道，后来必明白。"彼得说："你永不可洗我的脚。"耶稣说："我若不洗你，你就与我无份了。"西门彼得说："主啊，不但我的脚，连手和头也要洗。"耶稣说："凡洗过澡的人，只要把脚一洗，全身就干净了；你们是干净的，然而不都是干净的。"耶稣原知道要卖他的是谁，所以说："你们不都是干净的。"

　　耶稣洗完了他们的脚，就穿上衣服，又坐下，对他们说："我向你们所作的，你们明白吗？"

让我们跟随想象，来到耶路撒冷的一所房屋，爬过楼梯，走进楼上房间。我们在这里可以探听到，在拿撒勒人耶稣被钉死的前一天，从傍晚到夜里都发生了些什么。

有十三个人聚在一起吃逾越节的筵席，其中一人将提前离席，因为他要赶着去卖耶稣。剩余十二个人稍后会一起前往客西马尼园。

他们将在那里被冲散。有一人将在这里被兵丁和差役强行带走，踏上噩梦般的旅程。

他首先被带到离任的大祭司亚拿面前，继而被解往亚拿的女婿——现任大祭司该亚法的家里，接着被押到罗马巡抚本丢·彼拉多的衙门，然后被解往希律王面前，之后又被交还给彼拉多，最后沿着苦路（译者注：耶路撒冷的一条街道，主耶稣曾背着十字架沿着这条路走到钉十字架的地方）被带到骷髅地，在那里被钉十字架。

5 　第二天的同一时间，也就是星期五，拿撒勒人耶稣死后的身体要被安葬在旁边一处园子的坟墓里。

但这不是整个故事的结尾，而只是序曲的结尾。因为星期天清晨他将从死里复活。他将永远活着，作我们永远的君王和救主。这都是后面将要发生的事。目前我们才刚到马可楼上。

还有不到二十四小时，救主就要被钉死。他很清楚这是命定之事，因此他要向门徒表明自己爱他们到底。

很快耶稣就要打发他们中间的加略人犹大离开，因为犹大赶着去卖他。之后不久，耶稣会告诉他们中间的另外一个人西门彼得，说天亮之前他要三次不认主。离开之前，他还会做一个祷告，这也是新约圣经中篇幅最长的祷告。这是真正的"主的祷告"。在这篇祷告中，耶稣让我们看到了他与天父亲密的关系，他的门徒也从中听出了主对自己的爱和眷顾，这爱和眷顾也是给将来所有做他门徒之人的，包括你和我。

这都是激动人心的重大时刻。

但是我们要先听听约翰的讲述，看看那个晚上是如何开始的：

> 逾越节以前，耶稣知道自己离世归父的时候到了，他既然爱世间属自己的人，就爱他们到底。吃晚饭的时候（魔鬼已将卖耶稣的意思放在西门的儿子加略人犹大心里），耶稣知道父已将万有交在他手里，且知道自己是从神出来的，又要归到神那里去，就离席站起来脱了衣服，拿一条手巾束腰。随后把水倒在盆里，就洗门徒的脚，并用自己所束的手巾擦干。挨到西门彼得，彼得对他说："主啊，你洗我的脚吗？"耶稣回答说："我所做的，你如今不知道，后来必明白。"彼得说："你永不可洗我的脚！"耶稣说："我若不洗你，你就与我无分了。"西门彼得说："主啊，不但我的脚，连手和头也要洗。"耶稣说："凡洗过澡的人，只要把脚一洗，全身就干净了；你们是干净的，然而不都是干净的。"耶稣原知道要卖他的是谁，所以说："你们不都是干净的。"

之后，

> 耶稣洗完了他们的脚，就穿上衣服，又坐下……

6

不论哪一处经文，都对应着两种不同的背景。这段经文也是一样。

背景

首先我们难免会站在自己的角度来读这段经文。

因为"这圣经能使你因信基督耶稣有得救的智慧"（提后3:15），所以我们读了这段经文自然会想到一些个人性的问题，"主耶稣基督是我思想和生活的中心吗？"较为坦诚的回答或许是："有时候是，有时候不是。不管怎么说，都远远配不上他应得的。"成为基督徒之后，我们的本性已和从前不同，不过我们也知道自己远没有达到基督呼召我们成为的样式。我们要更好地认识他，信靠他，爱他。

这些圣经章节旨在让基督成为我们视野的中心，显明他的恩典，让我们更好地认识他，信靠他，爱他。

但是我们也要学习根据经文本身的背景来阅读这些经文。

《约翰福音》的结构清晰明了，并不复杂。

开始是序言（约1:1–18），这是圣诞节我们常常阅读的经文。

最后是结语（约21:1–25），主耶稣在这里恢复了西门彼得的使徒职分。

而序言和结尾之间的经文可以分为两部分，或者说两卷书。

第一部分（约1:19–12:50）有时候被称为神迹篇。耶稣的话语和作为都表明他就是弥赛亚，那位救主。比如，他称自己是"世界的光"。凡跟随他的就不在黑暗里行（约8:12）。后来他让一个生来瞎眼的人重见光明，以此证明他说的话（约9章）。

1至12章一共记载了七个神迹。①但是神迹篇的结尾非常突兀："耶稣说了这话，就离开他们，隐藏了。他虽然在他们面前行了许多神迹，他们还是不信他。这是要应验先知以赛亚的话，说：'主啊，我们所传的有谁信呢？主的膀臂向谁显露呢？'"（约12:36b-38；引自赛53:1）

第二部分（约13:1-20:31）是受难篇，有时也称为荣耀 **8**
篇。这部分一开始就将我们带到耶路撒冷的马可楼上，作者没有给出任何解释。当时是逾越节那一周的周四下午，已经有人为他们预备了逾越节的晚餐。我们了解到，当时房间里只有十三个男性，也就是耶稣和他所拣选的十二使徒。这个世界拒绝耶稣，他的荣耀便向他们隐藏了，但是他的荣耀向着那些信靠他、爱他的门徒，却越发彰显出来。

约翰的"内幕故事"

《约翰福音》与其他三卷福音书给人的感觉很不一样。约翰·加尔文（John Calvin）对此做了精彩总结：

其他三卷福音书更多讲述基督的生平与受死，而《约翰福音》则侧重于透过教义，来表明基督的职分以及基督受死与复活的大能……

———————————

① 约翰告诉我们，耶稣行了很多神迹奇事。但是在《约翰福音》第一部分，约翰只提到了七个具体的神迹，分别是：（1）变水为酒，约2:1-11；（2）治好大臣的儿子，约4:46-54；（3）治好瘸腿的人，约5:1-15；（4）喂饱五千人，约6:1-15；（5）在海面上行走，约6:16-21；（6）治好生来瞎眼的，约9:1-41；（7）让拉撒路复活，约11:1-41。

　　四福音书的目标是一致的，都是为了彰显基督。**只是前三卷福音书彰显的是基督的肉身（如果我们可以这么表达的话），而《约翰福音》彰显的是他的灵魂。**所以我习惯性地认为，这卷福音书是打开其他三卷福音书之门的钥匙。因为《约翰福音》将基督的大能刻画得清晰明了，只要明白了这卷书，再读其他三卷书就势如破竹，能够看见那位已经在《约翰福音》中将自己显明出来的救主。②

　　对观福音书，也就是《马太福音》《马可福音》和《路加福音》，让我们看到了"他的肉身"。我们可以说这些福音书是从外面讲述这个故事。但是我们越了解我们主"里面的情况"，就越发现《约翰福音》更接近这个故事的高潮。

　　特别是在《约翰福音》13至17章。这几章邀请我们在一旁聆听，了解耶稣在赴逾越节宴席时，是如何耐心教导围坐身边那些挚友的。这场宴席可能持续了好几个小时。对门徒来说，这是他们与主之间永难忘怀的一段美好时光！

　　耶稣在这部分一开头就向门徒表明，"他爱他们到底"（约13:1）。真正的爱就是这样。耶稣和往常一样，给了门徒一个标记，即洗他们的脚。洗完之后他解释了一番，问他们："你们明白这个标记是什么意思吗？你们明白这个标记对我来说意味着什么吗？你们明白这对你们来说意味着什么吗？"

---

　　② John Calvin, *Commentary on the Gospel according to John*, William Pringle译 (Edinburgh, Scotland: Calvin Translation Society, 1848), 21. 黑体字强调为后来所标。

可想而知，整个房间鸦雀无声。

这是一场私人聚会，只有耶稣和十二门徒。没有仆人招待他们，没有人洗他们的脚。他们穿的是凉鞋，脚上还沾着街上的尘垢。

显然他们都太骄傲了，不想洗耶稣的脚，也不想洗彼此的脚。实际上路加告诉我们，门徒一直在争论谁"为大"（路22:24-27）。而与此形成鲜明对比的是，耶稣竟然告诉他们，"我在你们中间服侍你们"。也许说完这句话之后，耶稣就从座位上站了起来。

在这个世界上，门徒不愿意洗彼此的脚，因为洗脚是仆人的活。而这位主竟然愿意洗他们的脚！

可是当耶稣跪在西门彼得面前，要洗他的脚时，彼得却难以承受。他很震惊，坚决不让主洗他的脚。他打破了屋子里的沉默："主啊，你洗我的脚吗？"

耶稣回答说："我若不洗你，你就与我无份了。"（约13:8）

显然，耶稣不只是洗掉他们脚上的灰尘和泥土那么简单。**10**
这是一种先知性的举动，就像耶利米和以西结所做的。[3]耶稣用实际行动为福音打了一个比方。他借着一个戏剧性的记号向门徒显明了他是谁，他来要做什么。耶稣借着洗脚这个举动，显明了他的位格与工作，还有他的身份与事工目的。

要想明白这些经文内在的含义，有个很好的办法是将这些经文拿出来，与使徒保罗在《腓立比书》2章6至9节围绕主耶稣

---

[3] 比如，耶32:1-15；结4:1-5:17。

所做的教导逐一对比：

约13:3-5、12	腓2:6-9
耶稣知道自己是从神出来的	他本有神的形像
离席站起来	（他）不以自己与神同等为强夺的
脱了衣服	反倒虚己
拿一条手巾	取了奴仆的形像
把水倒在盆里	成为人的样式
就洗门徒的脚	存心顺服，以至于死，且死在十字架上
耶稣……就穿上衣服，又坐下	神将他升为至高，又赐给他那超乎万名之上的名

保罗所讲的神学内容，耶稣在这里以象征的方式逐条行了出来：他放下天上至高的荣耀，俯就人卑微的状况，取了奴仆 **11** 的形象，甘愿死在十字架上，为要洗净我们一切的罪，又升天坐在父的右边。

约翰邀请我们分五个阶段效法主的脚踪。

出身

保罗让我们看到基督心里所想的是什么，约翰则让我们看到耶稣非常在乎他神圣的出身和使命：

逾越节以前，耶稣知道自己离世归父的时候到了，他既然爱世间属自己的人，就爱他们到底……魔鬼已将卖耶稣的意思放在西门的儿子加略人犹大心里……（约13:1、2）

他知道自己被卖的日子近了，但是他也知道……

耶稣知道父已将万有交在他手里，且知道自己是从神出来的，又要归到神那里去……（约13:3）

我们来观察耶稣：

他是这场宴席的主人，却离席站起来
脱掉外衣
将仆人用的手巾束在腰上
将盆打满了水
挨个洗门徒满是尘垢的脚

从某种意义上来说，这显然就是《约翰福音》第二部分的 **12** "开场白"，就像《约翰福音》1章1至18节是第一部分的开场白一样。这个开场白中，耶稣"行出"了第一部分开场白用崇高词语描述的那些真理：

太初有道，道与神同在（*pros ton theon*），道就是神。

但是那与神同在的道竟然降世与我们同在：

道成了肉身，住在我们中间……

请留意这第一个阶段：耶稣意识到自己是从神而出的。他知道父已将万有交在他手里。他知道自己在尊贵、权柄、荣耀与能力上，都与父同等。他知道自己现在即将"归到神那里去"（*pros ton theon*）。很明显，约翰用了《约翰福音》1章1节介绍耶稣时所用的那个词。耶稣是"*pros ton theon*"，他在永恒当中就"朝着"神，"与神面对面在一起"。

接下来就是第二个阶段：耶稣深深地降卑。他降世"与人面对面在一起"。

谦卑

我们再花点时间看看约翰的观点："耶稣知道父已将万有交在他手里……"

如果让你将这个句子补充完整，你想必会写："耶稣……就显出了该有的权威，让世人看到他是拥有宇宙中一切权柄的那一位。"

13　但是耶稣没有这么做。神的儿子知道自己是万有之主，却依然谦卑。他脱掉外衣，走到房间的角落里。那里摆着一口大水缸，还有一个小盆。他将仆人专用的手巾束在腰上。

耶稣将水倒进盆里，发出哗哗的响声，打破了屋子里原有的沉寂。他俯下身来，洗门徒的脚。而门徒一心想着自己，根本不愿意洗彼此的脚。

道成肉身的神子用戏剧性的形式，向我们展现了他道成肉身的奇妙和谦卑。

认真思考这一幕，有助于我们明白保罗说的那句话：他"反倒虚己"（腓2:7）。

很久以前，学者们就围绕这些话的含义做了很多探讨和辩论。

神的儿子真的倒空了所有的神性吗？或者正如几百年来基督徒所颂唱的卫斯理（Charles Wesley）的教导：他"倒空自己，除了那爱"？[④]他在世的时候是否不再是永恒真神，等升天之后又恢复了这个身份？不然我们如何理解这句话呢？

神儿子"倒空"自己的方式不是减损自己的神性，而是加上我们这脆弱的人性。他没有因为成了真正的人，就不再是真神。他神性中固有的一切都没有倒空。但他为了舍身救我们，将我们的人性加在他身上。他从未失去"神的形象"，而是又另外取了"奴仆的形象"，过了极其谦卑的一生。他取了人性的时候，就将一切本属于他的给了我们，好造就我们。他如此行，为要将我们的罪除掉。他"虚己"的方式不是将神性倒空，而是加上了之前所没有的世上的属性。 **14**

神儿子一刻也没有放弃他对"万有"的主权（约13:3）。实际上，他在这里所表现出的惊人的谦卑与恩典，都是基于这样一个事实，即他是以完完整整的神的身份在洗门徒脏污的脚。倘若他真的倒空了神性，那他在这里洗脚就不过是一个卑

---

④ 出自查尔斯·卫斯理（Charles Wesley；1707–1788）的《怎能如此》（And Can It Be）。他1738年归信，不久之后就写出了这首诗歌。

微的举动。就不过是一个人出于谦卑在服侍别人，或一个好人在服侍没有那么好的人。而事实上，这是神在谦卑地服侍人，而且是服侍罪人。

这也指出了耶稣事工中的第三个要素。

救恩

我们先回过头来看看西门彼得为何反对主洗他的脚。

显然，彼得在这里只看到了他自己脏污的双脚，还有耶稣的双眼。耶稣盯着彼得，仿佛在告诉他，自己要洗他的脚。所以彼得不由自主地表示反对。

当然换作我们也会一样。

可是耶稣说："彼得，你没明白其中的意思。如果我不这么做，如果你拒绝我要做的这个标记，就等于在拒绝这个标记所指向的实质，即我要死在十字架上洗净你的罪。那你就与我要带来的救恩无份了。"

于是彼得从一个极端走向另一个极端。原先他坚持"你永不可洗我的脚"，这时他却说"连手和头也要洗！"他仍然没能明白。洗脚象征着耶稣为了洗净我们的罪，让我们称义而做的一切。既然彼得已经变"干净"了，毕竟他已经信靠了基督，也承认了他对基督的信心，那么他只需要基督洁净的大能继续在他的生命中运行。正如威斯敏斯特会议上的神学家指出的，我们借着与基督联合重生，也借着与基督联合成圣。[5]

---

⑤ 《威斯敏斯特信条》13章1节写道："凡……重生的人，既在他们里面有了新心和新灵被创造出来，便藉着基督的受死和复活，并他那住在他们里面的圣道和圣灵，进一步达到个人实际的成圣。"

彼得已经洁净了，但仍然需要被洗净。耶稣也补充说，"然而不都是干净的"。约翰记下这些话也是在强调一个现实，那就是这美好的一幕背后也有黑暗势力，而且基督拯救的工作还有另外一个维度是他们所不知道的。当时撒但也在幕后运作："魔鬼已将卖耶稣的意思放在……加略人犹大心里。"（约13:2）

撒但已经运作很久了。这是四福音的幕后故事。仇敌一开始就想借希律之手杀死伯利恒所有的男婴，以此了结耶稣的性命，防止他上十字架。后来耶稣在约旦河受洗之后，撒但就一直寻索他的性命（路4:1、13）。此时撒但已经攻入了门徒阵营。再过一会儿，撒但将"进入"管钱的加略人犹大心里（约13:27）。

之前撒但有一次也曾攻入耶稣核心门徒的阵营，他想利用西门彼得诱使耶稣远离通往骷髅地的路（太16:21–23）。不过那次撒但失败了。撒但是否因为失败而改变策略呢？有可能，因为这次撒但似乎想迫使耶稣照着撒但的时间而非天父所定的时间受死，以此来干扰神的救恩计划。

但是耶稣是主。他仍然在掌管着环境，他的每一步都行在天父的计划当中。

约翰清楚表明：耶稣以他至高的主权，将犹大赶出了房间。"你所作的快作吧！"耶稣对他说（约13:27）。约翰再次向我们指出，"万有"都服在主手中，他后面还将向我们指出这一点。

神的旨意和撒但的动作在这里形成了鲜明的对比：耶稣知道是撒但将卖他的意思放在了加略人犹大心中（约13:2），但

16

他也知道父已将万有都交在他手中（约13:3）。正是在这种背景下，耶稣离席站起来，为心爱的门徒挨个洗脚。

这些经文背后的宏大叙事可以一直追溯到《创世记》3章15节。整本圣经从第三页往后，记载的都是女人的后裔与蛇的后裔之间持续的冲突，直到最后蛇打伤女人后裔的脚跟。而这个过程中蛇也要遭受致命的一击。

我们在此看到这个应许的高潮部分正在开启。撒但进到加略人犹大里面，想借此击败耶稣。可是耶稣不像撒但和犹大，他单单顺服父的旨意。

约翰生动地呈现了这种对比。他写道，撒但将卖耶稣的意思放在加略人犹大心里（约13:2）。相比之下，耶稣"把水倒在盆里"（约13:5）。而且这两句话中都用了同一个动词（希腊词；*ballō*）。虽然他的脚跟要受伤，但我们的主也将因着"存心顺服，以至于死，且死在十字架上"（腓2:8），给那蛇致命的一击。

接下来约翰刻画了基督工作中的第四个阶段。

高升

耶稣跪在十二门徒面前，挨个洗他们的脚，包括西门彼得，还有加略人犹大。洗完他穿上衣服，"又坐下"（约13:12），问他们："我向你们所作的，你们明白吗？"

约翰这里用的动词"穿上"（希腊词；*lambanō*），正好呼应了耶稣之前所说与他复活有关的内容："因我将命舍去，好再取回来。没有人夺我的命去，是我自己舍的。我有权柄舍了，也有权柄取回来。"（约10:17–18）

17

耶稣为门徒描绘了一幅生动的画面。他要受羞辱，被钉十字架。但他是自愿舍掉自己的生命，将来他也要以至高的主权取回自己的生命，重获永远的尊荣。有时候从伟大艺术家的画作中，我们可以看出教他画画的老艺术家的作品风格。同样，约翰的描绘也让我们看到了旧约的预言，让我们无比清晰地看到了以赛亚所描绘的那位受苦的仆人（赛52:13–53:12）。

我小学时就读于苏格兰的一所州立学校，当时宗教教育是必修课。现在回想起来，八岁时教我的老师用了最简单的方法：她让我们背诵《以赛亚书》53章1至12节。当时没有人告诉我，我觉得老师当时也不知道，这段经文其实是从《以赛亚书》52章13节开始的。那里提到这位承受极大痛苦的仆人，将因所受的苦被高举，且要因此"洗净许多国民"。

耶稣以象征的戏剧形式，呈现了以赛亚所描绘的先知性的图景。他起来，跪下，洗门徒的脚，但是之后他又回到自己的座位上坐下。他们离开房间之前，门徒将在一旁听到耶稣向天父讲他将来被高举的事。耶稣主动降卑自己，甚至受死、埋葬，父神就让他大大升高，赐他超乎万名之上的名。有一天，天上、地上和地底下的一切，都要因耶稣的名屈膝，万口都要称他为主（腓2:9–11）。

18

耶稣刚才跪下了。但这时他又站起来，穿上衣服，坐回自己的座位。屋子里的人都在等着他说话。当父高举耶稣的时候，这一幕也要重现：一切的权柄都要归于他，万国都要听他的，一切受造的最终都要俯伏在他面前。他要被尊为万主之主（太28:18–20；林前15:20–28）。

这也引出了主耶稣基督这幅恩典的图画中，所描绘的第五个细节。

含义

"我向你们所作的，你们明白吗？"耶稣问他们（约13:12）。换句话说，"你们明白这样做对我和你们意味着什么吗？"

"我已经洗了你们的脚，"他说，"如果你们明白我所做的，就会被改变，去做我们坐下吃饭之前你们未能做到的。你们就会效法我的榜样。你们也会跪在别的门徒面前，谦卑地服侍他们，用行动告诉他们，'我因耶稣，作你们的仆人。'"
（参见林后4:5）

这让我们瞥见了救主的荣耀，看到了他是谁，他为我们做了什么，他如何被高举，他现在在哪里。

另外，也有一个挑战性的应用。

耶稣说，知道是一回事，而行出来是另外一回事。

19 知道这一切对我的生命有影响吗？我是别人的仆人吗？

只有听了又行出来的人，才是蒙福的（约13:17）。

这要留待下一章再探讨了。

第二章

明白与祝福

《约翰福音》13章12至20节

　　耶稣洗完了他们的脚，就穿上衣服，又坐下，对他们说："我向你们所作的，你们明白吗？你们称呼我夫子，称呼我主，你们说得不错，我本来是。我是你们的主，你们的夫子，尚且洗你们的脚，你们也当彼此洗脚。我给你们作了榜样，叫你们照着我向你们所作的去作。我实实在在地告诉你们：仆人不能大于主人，差人也不能大于差他的人。你们既知道这事，若是去行就有福了。我这话不是指着你们众人说的，我知道我所拣选的是谁。现在要应验经上的话，说：'同我吃饭的人，用脚踢我。'如今事情还没有成就，我要先告诉你们，叫你们到事情成就的时候，可以信我是基督。我实实在在地告诉你们：有人接待我所差遣的，就是接待我；接待我，就是接待那差遣我的。"

　　第四卷福音书就像一个艺术画廊，里面有个房间摆满了一位大师围绕同一个人物画的肖像画。约翰写的这卷福音书见解深刻，很多内容都与旧约的启示密切相关。但是约翰也以出色的才华，深入捕捉了这卷福音书所刻画的角色品格。他在整卷福音书中做了多维度的刻画。查考的时候，我们会看到"那里"呈现的一切，而且还会觉得仿佛有更多东西等待我们去挖掘。约翰仿佛在告诉我们，若要将刻画耶稣恩典的全部肖像都画出来，全世界的艺术画廊加在一起也装不下！[①]

这部分经文也是如此。约翰的第一幅肖像画就叫"救主耶稣"。但是它旁边摆着另外一幅画，画着同样的场景，标题则是"榜样耶稣"。作为我们的救主，耶稣带给了我们救恩的祝福。作为我们的榜样，耶稣让我们看到了如何才能领受生命被翻转的祝福。

耶稣主动在客西马尼园和骷髅地降卑，将身体挂在木头上担当我们的罪（彼前2:24）。后来他从坟墓中出来，复活，升天回到荣耀当中。耶稣用洗脚这个行为上的比喻传达了一个信息：荣耀的主成了罪人的仆人，担当了我们的羞耻；而此刻这位主已经成了万主之主，被高举，坐在父的右边。

但是透过约翰描绘的下一幅肖像画我们也看到，耶稣渴望当时的门徒和现今的门徒都能看得更远，也就是明白他用行动讲述的这个比喻对门徒的生命到底意味着什么。

耶稣已经对彼得说过："我所作的，你如今不知道，后来必明白。"（约13:7）彼得觉得耶稣用行动讲述的这个比喻很难明白，因为他还没有抓住这个比喻真正的内涵。但是今后彼得将会说出："哦，我明白了！耶稣是在告诉我们他要怎样成

---

① 参见约21:25。

为我们的救主。"

但是这位主坐回自己的座位之后,就问门徒,"我向你们所作的,你们明白吗?"(约13:12)

他又似乎希望门徒能够明白。

我们该如何解释其中的矛盾呢?

约翰意识到主耶稣要透过洗脚,让门徒明确看到关于他的两个不可分割的真理:

他是救主,尽管他要以门徒不能明白的方式完成对他们的拯救。

他也是门徒的榜样。门徒应当能够明白这一点,因为耶稣是他们的主,他们蒙召就是要效法他。

"**明白**"在基督徒的词汇表中是一个关键词。

明白耶稣基督所做的

耶稣希望门徒明白他降世为他们所做的一切有什么意义,也希望门徒将他所做的与他们应当做的联系起来。

"明白"是基督徒生命转变的关键。明白主要不是指向喜好、情感、直觉甚至是意志上的明白。基督会逐渐改变我们的喜好、情感、直觉甚至是意志,但是基督的方法是要我们先明白福音,然后在以上这些方面都明白。福音的真理会影响我们的思考方式,进而改变我们感受事物的方式,再进一步影响我们想要的以及我们的行为方式。由此我们的生活方式就开始被福音左右。

这也是《罗马书》12章1至2节所阐明的原则。我们生命的改变是借着心意更新完成的。

这种对思想和悟性的强调我们似曾相识。但这并不是使徒保罗的独创，因为主耶稣此处也强调了这一点。

但是主希望我们明白什么呢？他希望我们明白，他离席站起来，为那些内心骄傲的门徒洗脚，又坐回自己的座位上，就是在为基督徒树立一种基本的生活榜样。

大家经常认为，成为基督徒就要"照着黄金法则去生活"。实际上耶稣也确实教导了一种积极的黄金法则："你们愿意人怎样待你们，你们也要怎样待人。"（路6:31）我们应当爱邻舍如同爱自己。但是耶稣这句话不是在讲伦理道德。耶稣的黄金法则不是脱离自身空谈道德建议。他活出了这条黄金法则，而只有靠着他我们才有能力效法他的榜样。

我们在这里，在马可楼上看到了其中的关联：因为门徒以耶稣为救主，与他"有份"，所以他就给门徒带来了"双重医治"，让他们脱离了"罪疚，也脱离了罪的权势"。[2]因此，他们不仅要"愿意人怎样待他们，就怎样待人"；也不仅要"愿意人怎样待他们，就加倍这样待人"！他们乃是要看到主愿意怎样待他们，就怎样待人，也就是为主的缘故成为别人的仆人！

所以对基督徒而言，不是"我希望他们怎样待我，就尽量照样待他们"。基督徒乃是"主耶稣怎样待我，我就照样待别人。我要靠着主的帮助，将他给我的恩典给与别人！"马可楼上这段时光给西门彼得留下了不可磨灭的印象。彼得坐在第一排，耶稣第一个洗的可能就是西门彼得的脚。当然彼得也是

25

---

② 此处对应的是托普拉迪（A. M. Toplady；1740–1778）所写的赞美诗《万古磐石为我开》（Rock of Ages, Cleft for Me）中的句子："我罪双倍得医治，使我污秽得洁净。"

第一个（甚至是唯一一个）反对主这么做的门徒。但是彼得后来写信给散居罗马帝国各地的基督徒时却劝他们："你们年幼的，也要顺服年长的。就是你们众人也都要以谦卑束腰，彼此顺服。"（彼前5:5）

这里的希腊动词"束腰"（*egkomboomai*）向我们呈现的，是一位奴隶将手巾束在腰间的画面，就像耶稣所做的一样。每个基督徒所领受的呼召都是一样的，即要弄明白我们该以什么方式、在什么地方，做奴仆服侍谁。

耶稣为门徒树立了效法的"榜样"（希腊词*hupodeigma*；约13:15）。彼得也说，耶稣留下了"榜样"（彼前2:21），但他用的是另外一个词（希腊词*hupogrammos*）。我们或许能猜到这个词的词源，因为这个词包含了"字母"对应的希腊文〔也就是希腊词"*grammos*"，英文的"语法"（grammar）一词就来源于这个词〕。"*hupogrammos*"描绘的是学习写字的孩子。老师每写下一个词或一句话，孩子就照抄下来。彼得仿佛在说："耶稣写了一本和生活方式有关的书，所以我们写自己的故事时，也要看看耶稣如何写他的故事。"这就是圣灵要帮助我们去做的，即让我们更像耶稣，让我们里面产生像耶稣一样做仆人的性情。

当耶稣的榜样刻在我们脑海中时（就像它曾经刻在彼得脑海中一样），我们就会明白耶稣做的这一切到底有什么意义，就会发自内心效法他的榜样，成为他生命的"复制品"。这就是活像基督的意思。

26 明白耶稣基督是谁

这段经文中还有一个维度需要注意：耶稣身份的重要性。耶稣为门徒洗脚的意义就在于，洗脚的是荣耀的主，天上的王，永生神的儿子，和神面对面的道。

我们明白是谁在谦卑自己的时候，一切就都不一样了。我们就会带着信心和爱心回应他，内心就会谦卑，恩典满溢。如果荣耀的主尚且这样待我，还有什么能拦阻我效法他的榜样呢。我将从主身上学到很多东西。我之前是多么骄傲！如果这位荣耀的王尚且洗门徒脏污的脚，我岂不也应当愿意甚至渴望洗别人脏污的脚吗？不然就说不通了。

肖像画画廊中空出来的地方

如果我们将马可楼上发生的事件视为耶稣的一系列肖像画，会发现其中好像少了一幅。"救主耶稣"和"榜样耶稣"这两幅肖像画之间好像还有空出来的地方，即少了"耶稣跪在背叛他的人面前"这幅画。也许是因为约翰不忍画这幅画。

你们可以猜想遗漏的场景。约翰对此只字未提。也许他觉得刻画主耶稣跪在彼得面前就已经很震撼了，因为主耶稣清楚彼得将要不认他。他怎能刻画"耶稣洗犹大的脚"呢？约翰在描述洗脚这段故事的时候，只想让读者知道在犹大离开去卖耶稣之前，耶稣也跪在犹大面前洗他的脚，仅此而已。

耶稣已经向门徒解释了《诗篇》41篇9节"吃过我饭的，也
27 用脚踢我"这句话的含义：门徒当中有一个人要卖耶稣。但是如果让门徒知道，他们的主被卖正好应验了先知的预言，他们将来必因此得坚固（约13:19）。天父至高的旨意不会被撒但打

乱。实际上，耶稣很早就知道这都是他整全计划的一部分。

但是耶稣不仅知道他将要被卖，也知道卖他的人就是加略人犹大。耶稣在清楚这一切的前提下，仍然跪在犹大面前，洗去了犹大脚上的尘垢。

约翰用文字绘就的这个艺术画廊唯独缺了这幅画。约翰只在《约翰福音》13章30节暗示了一下，说犹大洗完脚就离开了房间，并未过多描述。然而这也大大增加了耶稣话语的挑战性。因为他说，"我给你们作了榜样，叫你们照着我向你们所作的去作"（约13:15）。我们蒙召要去洗的脚，也不例外。当我们心里不由自主地喊出"但不能洗他的"或"不能洗她的"，就会因基督对我们的爱、基督放在我们心里的爱，以及我们效法他的渴望，将这些话咽回去。基督差遣使徒时也隐约提到了这一点。就像基督所解释的，人若接待他所差遣的，就是接待他（约13:20）。

虽然这可能很有挑战，但是并不复杂，也不难懂。真正复杂难懂的是我们自己！约翰只用了短短几句话描述耶稣此时所做的一切。耶稣离席站起来，脱掉外衣，束上仆人用的手巾，往盆里装满了水，然后跪下来，洗门徒脏污的脚。洗完之后，他就穿上衣服，坐回自己的位子。效法耶稣并不是一件高深的事，我们只需要谦卑、有爱心、效法他的榜样就可以了。

我们靠着什么才能做到这一点？

首先，照着耶稣的劝勉，我们需要明白他的身份，以及他为我们做的一切有什么意义。我们可能也拒绝过他，过去也可能出卖过他。如果耶稣为了我们甘愿成为仆人，我们难道不能甘心乐意成为别人的仆人吗？

28

但是还有一个需要学习的功课。我们要了解耶稣的身份，清楚耶稣为我们所做的一切，这样才能明白我们现在的身份。

明白我们在耶稣基督里的身份

我们基督徒的身份，或者说"属基督的人"这个身份，完全来自耶稣的工作及身份，也完全由耶稣的工作和身份所决定。他说，"我是你们的主，你们的夫子……我给你们作了榜样，叫你们照着我向你们所作的去作。"这并不是说我们要在教会中设立洗脚这个圣礼。③不，这只是一个比方而已。我们蒙召乃是要用具体的行动将它表达出来，因为圣经中还有一个原则："你们称呼我夫子，称呼我主，你们说得不错，我本来是……我实实在在地告诉你们：仆人不能大于主人，差人也不能大于差他的人。"（约13:13、16）

这是耶稣表达"阿们，阿们"的方式之一。

我们写作的时候，可以用多种方式表达我们要强调的重点。我们只需要在键盘上点几下，就可以给想要强调的内容加上下划线、加粗或者变成斜体，在视觉上告诉读者"这一点很重要"。

在希伯来文献中，表达强调的方式则是不断重复。圣经中

---

③ 虽然有些基督徒认为耶稣的话就是指表面意思，但是新约任何地方都没有暗示使徒们认为耶稣是在设立除洗礼和圣餐之外的第三大圣礼。新约指出洗礼和圣餐在教会中流传了下来，还解释了它们的含义。新约唯一一次提到洗脚就是保罗论到将寡妇记在册子上的问题时（提前5:10：记在册子上的寡妇必须"洗圣徒的脚"）。但是如果洗脚是全教会身体力行的一项圣礼，那就不能单凭某些寡妇是否洗圣徒的脚，将她们跟别的寡妇区分开来。保罗和约翰、彼得一样，都认为主洗门徒的脚是为了给基督徒树立服侍的榜样。

第一个表示强调的例子是《创世记》2章17节："只是分别善恶树上的果子，你不可吃，因为你吃的日子必定死。"英文版圣经中用了"必定"这个词，强调了一种警告："相信我，这真的会发生，不是虚张声势。一定要认真对待我的话。"而希伯来圣经的表达方式则是"会死，将会死去"。此处动词的重复就是为了强调。也许这让你想到老师或父亲对你的警告，"我已经给你说过两遍了！"

29

耶稣说的一切都很重要。他说的每个字都是神的话语。但他也在很多场合表明，如果他一开始就说"阿们，阿们"，也就是"我实实在在地告诉你们"，就表示他所说的特别重要。

那么对我们特别重要的一点是什么呢？

如果他是我的老师，我就是他的学生，就要竭力向他学习。

如果他是我的主，那我作为他的仆人，就要好好做他的代表。

如果我们明白了这两条原则，就要用新的视角看待自己。我们的"自我形象"也将改变。我们就会发现自己乃是主耶稣的门徒兼奴仆。我们的思想就应当被他的教导引导，我们的心也要愿意遵行主的旨意。我们就要认真对待保罗所说的："并且你们不是自己的人，因为你们是重价买来的，所以要在你们的身子上荣耀神。"（林前6:19–20）

我们是基督的奴仆

"不再属于自己"，是基督徒生活的第一原则。正如《海德堡要理问答》（Heidelberg Catechism）所说："我无论是生是死，身体灵魂皆非己有，而是属于我信实的救主耶稣基督。

他用宝血完全补偿了我一切的罪债。"④

30 　这真的是一种全新的自我形象，不是吗？耶稣来不是为了提升你的生命，也不是为了帮助你更好地规划人生。耶稣乃是要拥有你。他来是为了让你成为一个幸福的奴仆，让你看到"服侍他会让你得到完全的自由"。⑤我们起码要学着这样祷告：

> 主，愿你俘虏我，
> 才可得自由，
>
> 主命我放下手中剑，
> 才可得胜凯旋。
>
> 我无自由意志，
> 直到归降于你，
> 如要荣登宝座为王，
> 先将冠冕舍弃。⑥

　有一次我参加一个婚礼。一位负责婚宴招待的工作人员端着一个摆满了盘子的托盘，却不小心将托盘打翻在我们旁边

---

④ 《海德堡要理问答》第一问。

⑤ 出自英格兰圣公会《公祷书》（Book of Common Prayer）中的"为平安祷告"（Collect for Peace）。

⑥ 出自乔治·马得胜（George Matheson；1842–1906）所写的诗歌《我愿做主俘虏》（Make Me a Captive, Lord）。

的地上。其他工作人员各忙各的，没有人来帮她。我很惊讶，不明智地侧过身来，对挨着我坐的好友说道，"得有人帮帮她！"

"那？"他说。

只说一个字就够了！我明白他的意思，立马站起来，想去搭把手。

这时朋友却说了一句看似非常有理的话，给我带来了一些挑战。他说："得有人帮帮她，工作人员里面得有人帮帮她。"他的意思就是说，"得有（别）人谦卑下来，帮帮她"。

可是主耶稣是否会想，"那？你忘了你是谁吗？"

我们都会遇到类似情形，有的重大，有的琐碎，在这种情况下我们若要透过服侍他们来服侍基督，就要谦卑自己。对那些难对付的人，甚至令人讨厌的人，我们也要一视同仁，甚至更要如此。可是我们即便嘴上不说，心里也会想："我为什么要服侍他们？为什么要跪在他们面前？他们不配。"

但是西门彼得也"不配"。加略人犹大也"不配"。实际上没有人配。我们也"不配"。但是神儿子却降卑自己，好叫我们升高。他洗净我们的罪污，用宝血赎买了我们。我们不属于自己，乃是属于他。如果我们能这样清楚地认识自己，就学会了像保罗一样思考："我们既是这样爱你们，不但愿意将神的福音给你们，连自己的性命也愿意给你们。"（帖前2:8）我们"因耶稣作你们的仆人（奴仆）"（林后4:5）。

奴仆，这就是我们现在的身份。

不久之前，**舍己**与**服侍**还是年轻基督徒最先学到的词语。

这些词语是讲基督徒生活的书籍主要强调的内容。但是今天我们已很难看到以舍己为标题的基督教书籍，也很难听到这方面的讲道，很难有机会去参加这方面的会议。相反，现在铺天盖地的教导，都在讲福音怎样改善我们的生活、解决我们的问题，而不提福音如何呼召我们舍己、叫我们作奴仆。许多年轻的信徒误以为他们要被训练成"明日的领袖"。实际上，新约很少出现**领袖**一词。我们已经忘了那位教师的福音是要训练我们成为"今日的奴仆"。我们的思想需要彻底转向。

我们也是主的门徒，因此成了他的代表

我们蒙召以可见的形式将耶稣的教导表达出来。其他人
32 难免会根据我们的生活来看待主耶稣，毕竟我们是"属基督的"。他们对基督的印象都来自我们。在另外一处经文中，耶稣用"我实实在在告诉你们"这个句式说出了这个原则："我实实在在地告诉你们：有人接待我所差遣的，就是接待我；接待我，就是接待那差遣我的。"（约13:20）

我上小学的时候，每天上午都有人送一箱牛奶到教室。牛奶送到的时候，老师就会暂停上课，每个学生都会认认真真地喝上一份牛奶，约有三分之一品托！我后来在书上看到，日本人认为"苏格兰人闻起来是牛奶味的"。这也没什么大惊小怪的。如果你们国家的人不怎么喝牛奶，我想你们的鼻子就会对那些每周喝好几品脱牛奶的人非常敏感！同样，不吸烟的人坐电梯时如果碰到经常吸烟的人，也立刻就能闻出来。而经常吸烟的人哪怕四周烟味弥漫，也可能察觉不到。

我们在属灵上也类似。离开房间的时候，我们都会留下某

种气味。其他人会注意到我们生命的"气氛"，然后背着我们点评一番。特别是基督徒，因为在大多数场合下我们都是绝对的少数。可是你离开的时候是否将"基督馨香之气"留下了？⑦你的生命是否充满了基督谦卑、恩典的香气？这香气是否在默默告诉别人，"我是基督的奴仆，因此我也想服侍你"？

是不是觉得很有挑战？这是肯定的。但是我们再来听听主是怎么说的："你们既知道这事，若是去行就有福了。"（约13:17）

这也不是多么高深的事，对吗？

请自测一下自己的属灵健康：我最后一次在心里跪在谁的面前，对他说，"因着耶稣，我是你的仆人"？

我们要明白基督已经做成的工，明白基督的身份，也要明白我们的身份。我们是基督的奴仆和门徒。但是我们在结束这部分内容之前，要知道耶稣这里的教导还有一个需要注意的要素。

明白领受祝福的方式

耶稣说，"你们既知道这事，若是去行就有福了"（约13:17）。

在圣经中，"祝福"是个重要的观念，在很多地方都出现过。《创世记》1章22节到《启示录》22章14节也不断重复

---

⑦　保罗描写他自己在基督里的"夸胜"时用了这个比方。"在各处显扬那因认识基督而有的香气。因为我们在神面前，无论在得救的人身上，或灭亡的人身上，都有基督馨香之气。在这等人，就作了死的香气叫他死；在那等人，就作了活的香气叫他活。"（林后2:14-16）

这个观念。祝福的根源在于神对百姓的盟约之爱，以及神的旨意——将真正的幸福带给百姓。祝福的反面是"咒诅"。咒诅是专门为那些远离神，敌挡神的人存留的。这样的人生命将会越来越无法正常运转，越来越贫瘠荒芜，分崩离析，直到最后落入死亡。

新约有两个希腊词在英文版圣经中被翻译为"有福"。一是 *euologētos*（"说……的好话"），如果说神是"有福的"，意思就是我们通过赞美"说他的好话"；如果说我们是"有福的"，意思就是他借着他的恩典"说我们的好话"。二是 *makarios*（"幸福，幸运"，这处经文和《马太福音》5章1至12节论八福那处经文是一个词）。

在马太记载的登山宝训中，以及约翰记载的楼上讲章中，耶稣都在描述门徒蒙福（*makarios*）的生命。在这两处经文背景中，耶稣指出蒙福有时候是违背我们直觉的，想蒙福就要放下一些东西。这包括不再迷恋自我和短暂的事物，而是学着向神张开双手，允许我们手中紧紧抓住的那些东西都掉下来。这样我们才能用双手领受基督和基督里一切的属灵福分，我们才能越来越像他。

34 　耶稣在教导门徒一个至关重要的原则。明白是非常重要的。知识也必不可少。但是祝福不只来自于知道，甚至也不只来自于明白。祝福来自于顺服，来自于将我们所明白的付诸实践。有一种祝福，只要我们还在坚持自尊，就永远也无法经历。但是如果我们愿意跪下，去服侍那些不配得到主耶稣基督恩典的人，就会经历到这种祝福。

请问有谁配得主耶稣基督的恩典呢？当然不是我们！

要点是什么？领受祝福的方式就是做仆人，不只是为了做仆人而做仆人，而是为了别人的缘故，为了神的缘故去做仆人。

耶稣选择了这种方式，荣耀的主洗了门徒脏污的脚，这是最反文化的一件事。主的天使们会如何看待他做的这件事呢？

怎样才算明白他，跟随他呢？

要放下自己的尊严，拿起仆人的手巾。

不再站着，而是愿意跪下去。

不再旁观，而是愿意做谦卑、卑微的事。

愿意做奴隶才做的事，为着耶稣的缘故去做。

我们绝不应忘记，主耶稣竟然愿意洗那要踢伤他的脚。

第三章
从忧愁到荣耀

《约翰福音》13章21至31节

　　耶稣说了这话，心里忧愁，就明说："我实实在在地告诉你们：你们中间有一个人要卖我了。"门徒彼此对看，猜不透所说的是谁。有一个门徒，是耶稣所爱的，侧身挨近耶稣的怀里。西门彼得点头对他说："你告诉我们，主是指着谁说的。"那门徒便就势靠着耶稣的胸膛，问他说："主啊，是谁呢？"耶稣回答说："我蘸一点饼给谁，就是谁。"耶稣就蘸了一点饼递给加略人西门的儿子犹大。他吃了以后，撒但就入了他的心。耶稣便对他说："你所作的快作吧！"同席的人，没有一个知道是为什么对他说这话。有人因犹大带着钱囊，以为耶稣是对他说："你去买我们过节所应用的东西"，或是叫他拿什么周济穷人。犹大受了那点饼，立刻就出去。那时候是夜间了。

　　他既出去，耶稣就说："如今人子得了荣耀，神在人子身上也得了荣耀。"

在这短短的十一节经文（约13:21–31）所涵盖的一小段时间当中，马可楼上发生了一个重大事件，气氛陡然变化："耶稣说了这话，心里忧愁，就明说：'我实实在在地告诉你们：你们中间有一个人要卖我了'。"（21节）但是隔了几节经文，"耶稣就说：'如今人子得了荣耀，神在人子身上也得了荣耀。'"（31节）

这里发生了什么，才导致气氛大变？"犹大……出去。"

贯穿《约翰福音》的主旨之一就是光明与黑暗。[①]所以当约翰说"那时候是夜间了"，我们几乎可以肯定他用的是一个双关语。夜晚已经降临这个房间，进到了犹大心里。而犹大一旦离开，房间里似乎就溢满了光明。约翰的记载让我们深深明白了基督是谁、基督降临要做什么。

我家乡的城市有座艺术画廊，里面最著名的画作不是伦勃朗（Rembrandt）的，也不是梵高（Van Gogh）的，而是萨尔瓦多·达利（Salvador Dalí）的《十字若望的基督》（*Christ of St. John of the Cross*）。这是一幅巨型画作，尺寸达七英尺乘四英尺。这位艺术家用极强的戏剧性方式呈现了十字架上的基督。

达利这幅画作吸引人的地方在于，观众只能从上往下看。

37 我们向下看着基督上半身那强壮的后背，还有低着的头颅，却看不清他的脸。十字架看起来就像飘在黑暗的夜空中一样，我

---

① 耶稣是人的光，他来到世间，像真光照亮黑暗（约1:4–9）；尼哥底母"夜里"来见耶稣（约3:2）；但是人恨光，反倒喜爱黑暗，不愿意来就近这光，不像那行真理的人（约3:19–20）。耶稣也是世界的光，凡跟随他的就不在黑暗里行（约8:12），就像被他治好的那生来瞎眼的人（约9:5）一样。但是黑夜将到（约9:4），人若行在黑夜中，就要绊跌摔倒（约11:10）。

们也分不清他的脸是朝着我们，还是背对着我们。整个十字架悬浮在一大片水域上，水边还有一艘抛锚靠岸的渔船。

许多自由派神学家似乎都是在自己的世界观和人生观上做一些发挥，来刻画基督。达利在描绘基督的时候差不多也是一样。他说自己的灵感来自一个"宇宙性的梦"。他的基督综合了这样一种世界观：基督对他来说就是"宇宙的统一"。

去这个画廊的人大多不是艺术评论家。艺术评论家对达利的这幅画褒贬不一。我猜许多看这幅画的人都想当然地认为，标题中提到的若望是指使徒约翰。但是达利的基督并不是《约翰福音》中的基督。[②]他画的基督身体健壮，没有伤痕，肩膀上也没有鞭伤、没有血迹。我记得上学的时候读过弗朗西斯·薛华（Francis Schaeffer）对这幅画作的评论。他的话简洁又有分量。他说在达利这幅画作中，十字架根本没有挨着大地。也许这就是达利在这幅画作的标题中，提到西班牙神秘主义者十字若望（1542–1591）的原因。

但是《约翰福音》的基督不是神秘人物，而是成了肉身的道。他住在我们这个世界上，体验了我们的痛苦，经历了人的藐视和拒绝，担当了我们的罪。在马可楼上，基督知道他最亲密的同伴之一，即在门徒团队中负责管钱的那一位，即将出卖他，所以他的心情无比沉重。而且他还知道自己将要遭受的痛苦以及被神离弃的感觉。

这就是福音书作者约翰所讲的基督。

---

② 达利这幅画的标题不是指使徒约翰，而是指西班牙十六世纪的天主教神秘主义者十字若望（1542–1591）。他曾与亚维拉的德兰（Teresa of Ávila；1515–1582）一同服侍，1926年受封，列为"教会圣师"之一。

38 约翰刚刚记录了主劝使徒要效法他的榜样。但是此刻他似乎暂时停了下来，好让我们默想救主借此打的比方，让我们看到他要为这个比方所指向的现实付出何等代价。

耶稣这时澄清了他之前提到的《诗篇》41篇："你们中间有一个人要卖我了。"（约13:21）于是门徒开始纷纷问耶稣，"是我吗？"（参见太26:22；可14:19）

彼得这时比任何时候都更镇定。他向坐在耶稣身旁的约翰点了点头，我们几乎可以看到他在对约翰说，"问问他是谁"。约翰就问了。耶稣说："我蘸一点饼给谁，就是谁。"

约翰亲眼看着耶稣将蘸了的饼递到加略人犹大手里。

心里忧愁

难怪耶稣"心里忧愁"（约13:21）。约翰在此背景下用的这个动词（希腊词；*tarassō*），意思是烦躁、困惑或震动。四福音书的作者就是用这个词和其他几个词，来描述耶稣当晚经历的扰乱。这是个程度非常强烈的词，但还不是最强烈的，因为更糟糕的情况还没有发生。

其他三卷福音书也用了类似的词，尤其是描述耶稣在客西马尼园中的经历时。当时耶稣想到他将要喝下神审判的杯，心中就产生了浓浓的思乡之情。[3]

---

③ 《马可福音》14章33节的用词暗示我们，耶稣开始感受到心理、属灵和身体上的种种压力，所以整个人完全崩溃：耶稣"惊恐起来，极其难过"。保罗在《腓立比书》2章26节描写以巴弗极其难过的时候，用的也是这个词。莱特弗特认为，这个词刻画了"因为身体上的错乱或心理上的痛苦，比如悲伤、羞耻和失望，而感到困惑、不安、无精打采的状态"，出自J. B. Lightfoot, *Commentary on Paul's Epistle to the Philippians* (London: Macmillan, 1913), 123。

请默想"忧愁"这个词。这个词可能让我们觉得熟悉。再过几节经文，那位此时心里"忧愁"的耶稣，将告诉门徒不要"忧愁"（约14:1）。约翰在这两节经文中用了同一个词，二者之间是否有关联？我们稍后需要默想一下。

在这处经文的背景中，耶稣因为要卖他的人也在房间里，就心里忧愁。

一个人就足以破坏整个房间的气氛。所以耶稣因为犹大在场，心里非常忧伤。**39**

犹大为什么要卖耶稣？他和耶稣在一起待了三年，听他讲了无数场道，看他行了许多满有怜悯和大能的神迹，而且也承认自己是耶稣的门徒。他甚至被任命管理使徒团队的钱财。这是一个备受信任的岗位。然而他心底却不断滋生出对主耶稣的仇恨。这必定让救主心中忧愁了好一段时间，现在已经到了内心忧伤的程度。

即便在这个时期，门徒也没能明白到底发生了什么。

不过我们今天读《约翰福音》的时候，可以从约翰的暗示看出我们应当留心加略人犹大。④

叛徒现身

早在《约翰福音》6章71节，我们就已经知道犹大要卖他的主。

我们已经了解到，他在盗取门徒钱囊中的钱（约12:4-

---

④ 使徒当中有两个叫"犹大"的。他们分别是加略人犹大和雅各的儿子犹大（路6:16）。后者可能也叫达太（太10:3；可3:18），他在《约翰福音》14章22节问了耶稣一个问题。

6）。伯大尼的马利亚对耶稣心怀感恩，用贵重的香膏膏耶稣。犹大看到就心生不满："这香膏值一年的工资，可以卖了帮助穷人。"他真正的意思就是，这些钱本来可以供他使用。然而他似乎得到了绝对的信任，因此当耶稣对他说"你所作的快作吧"，每个人都以为他要么是去买宴席上用的东西，要么是去参与逾越节的怜悯事工（约13:29）。

耶稣怎么知道是犹大？

40 首先耶稣知道有人要卖他，因为圣经中已经写了："吃过我饭的，也用脚踢我。"（诗41:9）"用脚踢我"这个词是否让我们想到了《创世记》3章15节的应许，即蛇要伤救主的脚跟？那恶者想伤害救主，但它只抓到了救主的脚，没伤到头。耶稣通晓希伯来圣经。他知道从《创世记》3章15节直至《诗篇》41篇9节的一系列预言，最后都要应验在自己身上。

但是耶稣怎么知道这个预言是借着加略人犹大应验的呢？

我们可能会说："他当然知道是加略人犹大，他可是神。"但是在四福音书中，耶稣特地分辨出了圣经中神的旨意，又在那赐给他的圣灵的帮助下，解释神的旨意并将之应用在自己身上。就像约翰前面说的，他知道人里面如何（约2:24–25）。他了解圣经，也了解犹大，所以得出了这个结论。

这就是属灵的分辨力。有时候我们也能"感知"一些事，比如我们可否信任一个人。我们可能无法用言语表达具体的感受，但是我们就是知道无法完全信任某些人。如果我们这些对罪不那么敏感的人，尚且具备分辨力，那么无罪的救主对真实人性的敏锐洞察就不应该让我们感到惊讶。他就是神的道，"……连心中的思念和主意都能辨明……原来万物在那与我们

有关系的主眼前，都是赤露敞开的"（来4:12-13）。他因犹大
的疏远，就能辨明这是一个警示标志。他看到犹大灵里"敌挡
恩典"：犹大看到耶稣以恩典对待马利亚的时候，非但没有被
吸引，反倒很排斥（约12:1-8）。

我们想当然地认为，只要人们看到爱在流动，就会积极回
应。但是面对耶稣的爱，我们发现并不是这样。你或许也了解
这一点。你在某个人生命中或者在福音故事中看到基督的恩典
时，真实的反应是憎恶、逃避、远离这恩典，甚至贬低那些透
过自己的生命让你看到、感受到基督同在的人。

那能拯救人的恩典，也就是你在别人生命中看到的那恩
典，就像石蕊指示剂一样，可以测出我们真实的属灵状态。这
看起来似乎违背常理，但人的本性就是更喜爱律法而不是恩
典。他们认为只要下定决心，就可以守住律法，也可以通过承
诺"做得更好"，来弥补过去的错失。

但是你无法"行出"恩典。接受神的恩典就表明你意识到
自己什么都弥补不了。

人们也认为律法是不带个人色彩的，是可以控制和管理
的。但主耶稣是恩典的神，他是针对个人的，更能挑战我们。
在主耶稣面前，我们不是要做得更好，而是要承认自己是绝望
无助的，并寻求他的救恩。这就是谦卑。即使人们意识到自己
违背了神的律法、生命扭曲不堪、深受罪疚或羞耻折磨，他们
依然会拒绝恩典。

犹大必定也是一样。他在耶稣的生命中看到了恩典，也从
耶稣的话语中听到了恩典。但是他拒绝恩典，敌挡恩典。正是
"主耶稣基督的恩惠"（林后13:14）将犹大推开，让他一门心

思地出卖耶稣！

42   一位牧师曾告诉我，有一位医师在极其痛苦的情况下给他打电话。这位牧师同意在当地一家酒店和她一起喝咖啡。不过我们今天不建议牧师们这样做。她与牧师分享了自己的故事，诉说了自己的困扰。这位牧师直接回应说，"你请求饶恕了吗？"她就怒气冲冲地抓起自己的东西离开了酒店。她原本希望这位牧师告诉她如何得医治。可是她拒绝了那罪得赦免、罪疚得脱的药方。她不信任别人所做的，想靠自己的努力摆脱罪疚。她等于拒绝了下面这段话：

> 不是我手尽劳苦，
> 促使律法得满足；
> 纵然感叹不断愁，
> 纵然悔泪不断流，
> 总不足以赎罪过；
> 惟你能够救赎我！
>
> 两手空空无赎价，
> 唯有倚靠主十架；
> 赤身求主赐衣裳；
> 无助唯靠主恩祥；
> 飞奔活泉得洁净；
> 不然救主我丧命。⑤

---

⑤ 出自托普拉迪所写的诗歌《万古磐石为我开》。

有时候一提起耶稣基督的赦罪之恩，我们内心就会产生敌意。

犹大想必也是一样，哪怕他伪装得很好。

当耶稣揭开犹大的伪装，指出他知道犹大的黑暗秘密时，犹大是否犹豫了一秒，然后就和别的门徒一道发问，"主啊，是我吗？"还是始终三缄其口，沉默不语？不管怎么样，他离开楼上房间时一定松了口气。他只需要再见耶稣一次，在卖他的时候以亲嘴为记号指出他的身份。也许耶稣为他洗脚时，犹大看到了厚重的恩典，这成为压垮他的最后一根稻草。当救主跪下为他洗脚时，他的目光是否躲开不看这位救主？还是冷冰冰地注视着耶稣，仿佛在告诉他："你怎能如此！你怎能将那恩典之手放在我的脚上？"

有些基督徒一想到耶稣洗犹大的脚，心里就不舒服。耶稣怎能这么做呢，不可能的，他不能洗犹大的脚！

这是否意味着他们永远不会去洗某些人脏污的脚？

犹大不愿意接受基督。最终，基督在他眼中的价值还不如一个奴隶。可悲的是，他清楚印证了新约《希伯来书》的话："论到那些已经蒙了光照、尝过天恩的滋味，又于圣灵有份，并尝过神善道的滋味，觉悟来世权能的人，若是离弃道理，就不能叫他们重新懊悔了，因为他们把神的儿子重钉十字架，明明地羞辱他。"（来6:4-6）

耶稣心里忧愁。他已将卖他的人暴露出来。当他将蘸过的饼递给加略人犹大时，就已经设定了自己的命运。

命运已定

在这段福音叙事中，耶稣已经被犹大所害。不久守殿官和

44　犹太领袖就将与犹大狼狈为奸，之后还有罗马兵丁加入他们一伙。这些兵丁将羞辱耶稣。他们要讥诮他，用拳头打他，吐唾沫在他脸上，用鞭子抽他，将他钉在十字架上。总之，这些宗教和世俗的权威将同谋杀害他。

但是，他们当中任何一个人、任何一个组织，或者他们所有人加在一起，都没有权柄或权力设定耶稣的命运，尽管他们无一例外地认为耶稣的命运握在他们手中。每个阶段都掌握在耶稣手中。这时天父的计划已经到了紧要关头，耶稣就打发犹大去做他要做的。耶稣事实上在说，"你所要做的，乃是照着我父的计划在做，也都在我父的主权之下。因此这一切最终都是要使我得荣耀，也叫这个世界得拯救"。正如马丁·路德（Martin Luther）所说，"魔鬼也是神的魔鬼"。

这就是加略人犹大。他身后藏着那恶者，一心想要杀害耶稣。然而它也知道这无法毁掉耶稣。那蛇要伤耶稣的脚跟，但那受伤的脚跟却要击碎蛇的头。胜利是属于耶稣的。

所以犹大离开房间时，房间里的气氛开始陡转，云消雾散。外面的黑暗无法压制里面涌出的荣耀。

第四章

气氛陡转

《约翰福音》13章31至38节

　　他既出去，耶稣就说："如今人子得了荣耀，神在人子身上也得了荣耀。神要因自己荣耀人子，并且要快快地荣耀他。小子们，我还有不多的时候与你们同在；后来你们要找我，但我所去的地方你们不能到。这话我曾对犹太人说过，如今也照样对你们说。我赐给你们一条新命令，乃是叫你们彼此相爱；我怎样爱你们，你们也要怎样相爱。你们若有彼此相爱的心，众人因此就认出你们是我的门徒了。"

　　西门彼得问耶稣说："主往哪里去？"耶稣回答说："我所去的地方，你现在不能跟我去，后来却要跟我去。"彼得说："主啊，我为什么现在不能跟你去？我愿意为你舍命。"耶稣说："你愿意为我舍命吗？我实实在在地告诉你：鸡叫以先，你要三次不认我。"

　　帷幕已经拉开，马可楼上开始上演第一幕戏剧。我们已经看到加尔文讲的真理：《约翰福音》让我们看到了基督的灵魂。

马可楼上的气氛不断变化。有质疑也有解答，有骄傲也有谦卑，有羞耻也有喜乐，有背叛也有忠心。

这时犹大已经从房间里出去了。对耶稣来说，他必须上十字架，已经没有回头的余地。不过这时他多少松了口气。因为现在他身边都是"洁净"的人（约13:10，15:3）。那个内心幽暗的人已经离开他们，往外边的黑暗里去了（约13:30）。房间里顿时明亮了许多，气氛越来越好，甚至越来越轻松。耶稣感受到了这一点，就向门徒解释了其中的原因："如今人子得了荣耀，神在人子身上也得了荣耀。"（约13:31）

一切已成定局。耶稣已经跨越了卢比孔河。①他已经没有回头的余地。受难的痛苦已然在前面等着他，一切都无法挽回。然而他也清楚"那摆在前面的喜乐"。此刻他的灵魂中似乎也溢满着这样的喜乐，尽管他所轻看的羞辱依然在前面等着他（来12:2）。

得荣耀

耶稣这里的用词与前面截然不同，想必门徒也感受到了一些变化。几分钟之前，耶稣还心里忧愁。但是此刻他开始谈论 **47** "得荣耀"。他已经碰到一个危机并将之化解了。这绝不是他要面对的最后一个危机，但是他已从肩上卸下了一个担子。他

---

① 罗马史学家苏埃托尼乌斯（Suetonius；69–130/140）用 *iacta alea est*（一切已成定局）描述尤利乌斯·凯撒（Julius Caesar）。公元前49年，凯撒破除了罗马元老院定立的"将领不得带兵渡过卢比孔河"的禁忌，带兵进军罗马与庞培展开内战（*De vita Caesarum*, 1.32）。

已经度过了一个转折点。此时道路虽然还是很黑暗，但是路上已经没有拦阻了。

服侍初期在拿撒勒的时候，耶稣"因为他们不信"，就不在那里多行"异能"（太13:58）。在这种地方行异能是不合适的，用耶稣的话来说，等于将珍珠丢在猪前（太7:6）。在马可楼上也是一样。只要不信的犹大在场，耶稣就不能完全敞开心扉。但是这时卖耶稣的人已经从耶稣面前赶出去了，所以他可以开怀畅谈。他要分享一些秘密。因为救主将"圣物给狗"（太7:6）是不合适的。

所以耶稣换了一个语调："如今人子得了荣耀，神在人子身上也得了荣耀。神要因自己荣耀人子，并且要快快地荣耀他。"（约13:31–32）

这是我们自《约翰福音》开始就在等待的时刻。约翰在开场白中已经许诺过："道成了肉身，住在我们中间，充充满满地有恩典，有真理。我们也见过他的荣光，正是父独生子的荣光。"（约1:14）公开服侍的第一周，耶稣就将水变为了酒（约2:11），当时我们就已经从他身上瞥见了那荣光。约翰曾经暗示，我们将要看到这荣光更丰盛地彰显出来，因为"那时还没有赐下圣灵来，因为耶稣尚未得着荣耀"（约7:39）。再后来，拉撒路去世的时候，耶稣提到拉撒路的死是为了将他的荣耀显现出来（约11:4）。从某种意义上说，耶稣借着拉撒路的复活彰显了他的荣耀。但他的荣耀尚未充分彰显出来。因为拉撒路的复活将促使宗教领袖一心处死耶稣，最终将他钉死在十字架上（约11:43–53，约12:9–11）。门徒虽然不能充分明白这一点，但这已经预示了耶稣复活之后的荣耀。

48

所以在《约翰福音》中，耶稣得荣耀就是从十字架上"被举起"开始的。他说自己要在十字架上吸引万民归向他（约12:32）。

但是当这位救主提到得荣耀的时候，他是指着什么说的呢？

有一个很重要的线索：他提到了要以人子的身份得荣耀。

耶稣是神子也是人子，他既是神，又是人。但是人子的称号还有其他意义：除了司提反（徒7:56），新约中只有耶稣这样称呼过自己。

"人子"可以指照着神的形象受造、服侍神的"人"（诗8:4）。神经常称以西结（Ezekiel）为"人子"（结2:1；等等）。但是在《但以理书》7章9至14节的异象中，人子也用来称呼异象中的那个人。这处经文如下：

> 我观看，
> 见有宝座设立，
> 上头坐着亘古常在者，
> 他的衣服洁白如雪，
> 头发如纯净的羊毛，
> 宝座乃火焰，
> 其轮乃烈火。
> 从他面前有火，像河发出，
> 侍奉他的有千千，
> 在他面前侍立的有万万。
> 他坐着要行审判，
> 案卷都展开了。

49

那时我观看，见那兽因小角说夸大话的声音被杀，身体损坏，扔在火中焚烧。其余的兽，权柄都被夺去，生命却仍存留，直到所定的时候和日期。

我在夜间的异象中观看，

见有一位像人子的，

驾着天云而来，

被领到亘古常在者面前，

得了权柄、荣耀、国度，

使各方、各国、各族的人都侍奉他。

他的权柄是永远的，不能废去，

他的国必不败坏。

……

国度、权柄和天下诸国的大权，

必赐给至高者的圣民。

50

他的国是永远的，

一切掌权的都必侍奉他、顺从他。

（但7:9–14、27）

这位人子得胜之后，就升到亘古常在者的宝座上。"那兽"和"其余的兽"都被打败。这位人子以得胜者的姿态，与至高者的圣民分享他的得胜带来的好处。所有的权柄都给了他，他的统治直到永远。

实际上，这一幕可以追溯到《诗篇》第8篇，乃至伊甸园。神照着他的形象造男造女，让人类以微缩复制品的形式彰显他的品格，并仿照神统治万物的形式治理这地。但是因着人的堕落，这一切都迎来了一个灾难式的结局。

但以理描写的只是故事的一部分。完整的故事就是，神要透过主耶稣基督的道成肉身、服侍、受死、复活和升天，带来荣耀的翻转和恢复。

耶稣在默想《创世记》3章15节的应许时，意识到旧约中女人的后裔是透过几个不同人物刻画的：麦基洗德等次的祭司，摩西似的先知，大卫一样的君王，以赛亚所预言的受苦的仆人，还有但以理异象中那位人子。这一切人物全都体现为一个人，就是耶稣自己。耶稣承担了多维度的工作，所以我们也要从多角度来描写他。

51 虽然人子的称号肯定是指主的人性，以及他降卑成为受苦的仆人，但是这更是指他升高坐在父的右边。这指的是他与仇敌争战并打败仇敌之后，他国度的拓展。他将施行"权柄"，因为他得胜之后，"天上地下所有的权柄都赐给"他了（太28:18）。这节经文明显呼应了《但以理书》7章14节，《但以理书》7章14节明显又呼应了《诗篇》8篇6节，而《诗篇》8篇6节又呼应了《创世记》1章28节。

但以理在异象中提到兽的时候，虽然也有一些暗示，但是我们还无法清楚看出，人子的高升原来是要透过降临到被黑暗权势奴役的世界、并打败这些黑暗权势来成就。人子也是受苦的仆人。来到神面前的这位大祭司要带着自己献祭的血，而君王的加冕宝座，就在十架苦路的尽头。

当耶稣说"如今人子得了荣耀"时，他就想到了这一切。即便被该亚法羞辱，他仍然"因那摆在前面的喜乐"（来12:2），就心里得安慰，而且他知道自己很快就要以人子的身份，"坐在那权能者的右边，驾着天上的云降临"（太26:64）。这里的"降临"呼应了《但以理书》7章13至14节，可能不仅指基督在荣耀中再来，也指基督要去父那里受荣耀。

耶稣已经借着之前的洗脚阐明了这一切。他当时跪着洗脚就预示了他要掌权，他受羞辱也是日后得荣耀的预兆。

耶稣将以人子的身份得荣耀，父也将因他的顺服得荣耀。

《约翰福音》经常提到这一点。耶稣知道是父差遣了他，他的呼召就是照父所定的时间表去生活（约2:4，7:6、8、30，8:20，12:23、27，13:1）。他"存心顺服，以至于死，且死在十字架上"（腓2:8）。这也表明父是何等广大，竟然配得他无止境的顺服。**52**

因此这里是双重荣耀：父要荣耀子，子也在荣耀父。

但是神如何"快快地"（约13:32）荣耀子呢？

部分答案就是，耶稣被钉十字架不久就要复活，那时候他"按圣善的灵说，因从死里复活，以大能显明是神的儿子"（罗1:4）。

但还不止于此。

耶稣将要受审、被定罪，最后以罪犯的身份死去。然而福音书的作者也指出，这个过程的每一阶段都存在一个悖论：控告耶稣的人都承认他是无罪的。公会的指控站不住脚；他们找来控告耶稣的人所说的证词自相矛盾；彼拉多查不出他有什么过失；叫嚣着要钉他十字架的众人也不能证明他有罪；一个被定罪的罪犯也亲口承认"这个人没有作过一件不好的事"（路23:41）；就连带人将耶稣钉十字架的百夫长也承认，"这人真是神的儿子！"（可15:39）

在记载耶稣的受难过程时，福音书的作者借着人的口承认耶稣是无罪的，这就像一个编码信息不断重复。神借着那些定他罪之人的口，说出了今后神要借着耶稣的复活公开宣告的一个裁决。那时候就要显出耶稣是完全无罪、全然顺服的。那时候耶稣就要因父的荣耀从死里复活，与父同享永恒中的荣耀（罗6:4）。

53

这个编码信息的密钥是什么呢？为什么每个审问耶稣的人都宣告他是无罪的，却又一起定他的罪，将他处死呢？罪的工价乃是死（罗6:23）。但是倘若基督不是为自己的罪而死，又是为谁的罪而死呢？这种提问可以帮助我们找出新约给的答案："这就是神在基督里……不将他们的过犯归到他们身上……神使那无罪的，替我们成为罪，好叫我们在他里面成为神的义。"（林后5:19、21）

> 怎能如此，像我这样罪人，
>
> 也能蒙主宝血救赎？
>
> 因我罪过使他受苦，
>
> 因我罪过使他受死；
>
> 奇异的爱！何能如此，
>
> 我主我神竟为我死？[②]

遵循《约翰福音》的逻辑，我们会发现耶稣钉十字架并不是一件令人悲伤的事，而是他得荣耀的开始。就连彼拉多也在

---

② 出自查尔斯·卫斯理（Charles Wesley；1707–1788）写的赞美诗《怎能如此》（And Can It Be）。

耶稣的十字架上挂了一块牌子，用古代近东和罗马帝国的三种通行语言，即以亚兰语、拉丁语和希腊语宣告"犹太人的王，拿撒勒人耶稣"（约19:19-20）。耶稣的复活和升天、五旬节那天圣灵的浇灌，都将彰显他真实身份的荣耀。而这荣耀最终极的彰显，是在末后复活的时候，那时耶稣将带着权柄再来。只是，在十字架上这荣耀就已经彰显出来。

因为耶稣背负了我们的罪，十字架就成了神爱我们的铁 **54** 证，让我们无可否认（罗5:8）。被钉十字架的基督已经救免了所有信他之人的罪，赐给他们新生命，开始呼召世界各地的人进入神永恒的家。这一切都要叫子得荣耀。早期教父常说，基督在十字架上伸开双臂，为要拥抱各个族群、各个国家、各个部落说各种方言的人，直到地极，直到历史终结的那一天。你今天有幸捧着这本书默想《约翰福音》，阅读基督救恩的信息，就表明神已经着手在全地荣耀他儿子了。我们乃是父因着基督做成的一切所给他的赏赐。

这就是耶稣看待事物的方式。十字架是荣耀的。耶稣在十字架上不是受害者，而是得胜者。

没错，救主灵里很快将再次被乌云笼罩。他将在客西马尼园匍匐在地。他将在骷髅地的十字架上感到口渴，向神呼求。但是他在这里坚固门徒，将他很久前就知道的事告诉他们。原来在客西马尼园和骷髅地的痛苦之下，还埋藏着更深的事实。

若干年后，约翰将想起耶稣早前说过的另外一句难懂的话："我父爱我，因我将命舍去，好再取回来。"（约10:17）

有的人枉顾圣经和整个基督教神学史，声称耶稣的代赎之死是"虐待儿子"，但事实并非如此。十字架是父和子彼此相爱的巅峰。

因此，在客西马尼园的黑暗中，在骷髅地的痛苦中，父可能一直在对子唱这样一首歌：

> 我的耶稣，我爱你，
>
> 深知你属我……
>
> 若我曾爱耶稣，如今更亲爱。[③]

但在当时，耶稣明确感受到了那摆在前面的喜乐，哪怕只是一刹那。这足以让他忍受十字架的痛苦，轻看一切的羞辱。他深知这就是通往宝座的路。

苏格兰长老会已经连续很多代，在圣餐聚会的时候颂唱《诗篇》24篇7至10节。他们在这些诗句中看到了基督升天的预言。他们在脑海中，看到那位得胜的主耶稣走向荣耀的天城，而众天使则欢呼着将他迎进城内：

> 众城门哪，你们要抬起头来！
>
> 永久的门户，你们要被举起！
>
> 那荣耀的王将要进来。

---

③ 出自威廉·拉尔夫·费瑟斯顿（William R. Featherston；1848–1875）所写的赞美诗《主耶稣，我爱你》（"My Jesus，I Love Thee"）。现代有人指控耶稣的代赎是"虐待儿子"，与此相反，《约翰福音》告诉我们代赎是父和子共同的意愿，而且无论我们的主是生是死，父从未停止爱他。

守卫天城的天使和天使长，提出了一个伟大的问题：

荣耀的王是谁呢？

他们也得到了回答：

就是有力有能的耶和华，
在战场上有能的耶和华。

于是上面的命令再次发出：

56

众城门哪，你们要抬起头来！
永久的门户，你们要被举起！
那荣耀的王将要进来……
哈利路亚！哈利路亚！
哈利路亚！哈利路亚！哈利路亚！
阿们，阿们，阿们。④

一想到那个时刻，父对子爱的光辉就溢满了楼上房间。耶稣被这爱扶持，愿意在客西马尼园和骷髅地顺服到底，愿意忍受这漫长的羞辱。

_____

④ 《诗篇》24篇7至10节，苏格兰韵律版。这首诗歌通常用的是"圣乔治的爱丁堡"这个调。

气氛再次转变

耶稣再次将关注的焦点转向门徒。不久他们就要分别，门徒会感到困惑无助，凄凉孤独。因为主耶稣要去的地方，他们不能去（约13:33）。片刻之后耶稣将用话语安慰他们。但是此刻他想让门徒记住，刚刚发生的事是何等重要："我赐给你们一条新命令，乃是叫你们彼此相爱；我怎样爱你们，你们也要怎样相爱。你们若有彼此相爱的心，众人因此就认出你们是我的门徒了。"（34–35节）

门徒刚才所听闻、所看见的事，有一个简单的含义：要彼此相爱，就像耶稣爱他们一样。这就是耶稣的"新命令"。正如约翰在其他经文中解释的，这不是"新颖"的"新"命令，

57 而是一条"旧"命令，要爱神、爱我们的邻舍。但是这句话应验在耶稣身上之后，就有了新的含义。耶稣让我们看到爱邻舍也包括爱仇敌。所以它才成了"一条新命令，在主是真的，在你们也是真的"（约壹2:7–8）。这在门徒中间确实成了真的，早期神学家德尔图良（Tertullian）甚至可以用外邦人的见证，为福音有力辩护："看这些基督徒如何彼此相爱。"[5]

但是可怜的西门彼得甚至压根没有听到这个新命令，他以为耶稣在讲论离开的事。他无法掩饰内心真实的想法："主往哪里去？……主啊，我为什么现在不能跟你去？我愿意为你舍命。"（约13:36–37）

难道他根本没有听？或者他听了，但因为耶稣既用了过去时"我……爱你们"，又用了将来时"众人因此就认出"，

---

⑤ 德尔图良，《护教篇》（*Apology*），39。

彼得就对当下的感受不那么确定了？彼得不吐不快。他一定要弄清楚耶稣要去哪里。而且一旦弄清楚，就没有任何事情能够拦阻他跟随耶稣一同前往。至于彼此相爱，耶稣难道不知道，他——彼得，爱耶稣胜过爱自己的性命吗？他愿意为耶稣舍命。但是他根本不知道耶稣在说什么。

几分钟之前主耶稣还在讲父要荣耀他，这时却话锋一转，开始讲论不同的内容：软弱的人误以为自己很刚强，声称爱耶稣的人被告知将会不认耶稣。

希波的奥古斯丁（Augustine of Hippo）生命非常成熟，他敏锐地观察到，"我愈发觉得自己就像个猜不透的谜"。[⑥]但是彼得却对自己深信不疑。他是个不成熟的基督徒，却痴迷于神的旨意，虽然这远超他所能理解的范畴。他误以为很了解自己，也很了解耶稣，却没有领会耶稣反复对他讲的内容。他的主即将被钉十字架。他是不是压根就不愿意接受这一点？还是从某种程度上说，根本无法承受耶稣被钉十字架所代表的含义？因为一旦耶稣被钉十字架，流出的宝血难免也会溅到彼得的衣服上。

所以说西门彼得还是不认识耶稣。他蒙召跟随的其实是一位被钉十字架的救主。他内心十分挣扎，难以接受这一点。但他也不了解自己，因此脱口而出自己愿意与耶稣同死，如果有必要甚至愿意替耶稣而死。

我们若不与基督一同受苦，若不效法他的死（腓3:10），

---

⑥　奥古斯丁，《忏悔录》（*Confessions*），10章33节："主，我的主，求你俯听、垂视我，恻然医治我；在你眼中，我觉得自己也成了一个不解之谜，这正是我的病根。"

就无法与他一同复活。彼得觉得这很容易明白，但事实并非如此。耶稣告诉彼得必须先走这条痛苦的认识自我之路："你愿意为我舍命吗？"之后就是这一章第四次出现的"阿们，阿们"句式："我实实在在地告诉你：鸡叫以先，你要三次不认我。"（约13:38）

约翰写福音书的时候，没有划分章节，也没有经节编号。有些章节划分和编号对读者并没有助益。但是这里的划分却非常合适。

本章开篇就是耶稣洗彼得的脚，结束时耶稣向彼得的生命发出挑战。这准确刻画了一个真心爱主的门徒的需要和失败。基督也正是为此流出了宝血。基督为了西门彼得脱下荣耀的外衣，俯下身来进入这个世界，成为卑微的仆人，背负我们罪的重担，在威严和荣耀中复活升天。这样西门彼得和所有像他一样的人，才能与基督同赴羔羊的婚宴。主的话有一天要应验："彼得，我所作的，你如今不知道，后来必明白。"

59

彼得后来确实明白了，他从未忘记这个场景。照着耶稣的预言（约21:18–19）和基督教会最可靠的传统，他最后确实愿意为耶稣舍命。

如果我们在教会中投票选出"最受欢迎的使徒"，最后胜出的很可能就是西门彼得。

为什么呢？也许是因为，在所有使徒中彼得是最像我们的：像一个猜不透的谜，而且常常失败。另外彼得也常常被奇妙恩慈的救主所坚固，这也是我们所需要的。

我刚开始服侍的时候，教会的主任牧师曾讲过这处经文："耶和华的话二次临到约拿说。"（拿3:1）他的讲道题目是

"不必一败到底"。这句话常常在我脑海中回想。我也和彼得一样，有不成熟的一面，有理解上的偏差，对自己认识不足，而且缺乏胆量。你们也一样。但如果彼得的救主也是我们的救主，我们就不必一败到底。

每次读到《约翰福音》的最后，我们都会发现，这就是留给我们的信息。"耶稣所爱的那门徒"（约21:20）这句话告诉我们，爱基督的彼得发现自己原来也是"耶稣所爱的门徒"。

没错，《约翰福音》只这样描写过一位门徒。大家通常理解为"更受喜爱的门徒"。但是假如这话的意思是，他是一位"发现耶稣深爱自己的门徒"呢？

若是如此，我们都能发现。

第五章

道路、真理、生命

《约翰福音》14章1至14节

　　"你们心里不要忧愁,你们信神,也当信我。在我父的家里有许多住处;若是没有,我就早已告诉你们了。我去原是为你们预备地方去。我若去为你们预备了地方,就必再来接你们到我那里去;我在那里,叫你们也在那里。我往哪里去,你们知道;那条路,你们也知道。"多马对他说:"主啊,我们不知道你往哪里去,怎么知道那条路呢?"耶稣说:"我就是道路、真理、生命;若不藉着我,没有人能到父那里去。你们若认识我,也就认识我的父。从今以后,你们认识他,并且已经看见他。"腓力对他说:"求主将父显给我们看,我们就知足了。"耶稣对他说:"腓力,我与你们同在这样长久,你还不认识我吗?人看见了我,就是看见了父,你怎么说'将父显给我们看'呢?我在父里面,父在我里面,你不信吗?我对你们所说的话,不是凭着自己说的,乃是住在我里面的父作他自己的事。你们当信我,我在父里面,父在我里

面；即或不信，也当因我所作的事信我。我实实在
在地告诉你们：我所作的事，信我的人也要作；并
且要作比这更大的事，因为我往父那里去。你们
奉我的名无论求什么，我必成就，叫父因儿子得荣
耀。你们若奉我的名求什么，我必成就。"

《约翰福音》中最为人熟知的是哪处经文？

我们可能马上会想到《约翰福音》3章16节："神爱世人，
甚至将他的独生子赐给他们……"

也可能会想到序言（约1:1-18）中的经文，毕竟每年圣诞
节的时候我们都会读这一部分。

或许会想到《约翰福音》14章1节："你们心里不要忧
愁……"因为在基督徒葬礼上可能都会读这处经文。

这也能解释两件事：

一、我们很少听人根据经文背景讲解这些内容，自己也很
少根据经文背景默想这些内容。如果你问一位常去教会的人，
"请告诉我，耶稣是什么时候说的这些话，说这些话之前发生
了什么，之后又发生了什么？"他们可能答不上来。

二、我们听到或读到这些话的时候，容易以为这是直接说
给我们听的。

这就是很多基督徒（或许占多数）读圣经的方式。当然，
这些话与我们今天也有关系。但是我们一定要记住，这些话和
马可楼上耶稣的所有讲论一样，虽然可能适用于我们，但当时
是专门针对使徒说的。我们并不在场。

下面就是一个基本研经原则：我们先默想一下经文向当时听众传达的内容，然后在圣灵的帮助下，研究如何将这些经文应用在自己身上。

这样我们可能就会问一些之前忽视的问题，这些问题或许能够帮助我们深入了解经文的意思。

比如我们思想《约翰福音》14章1节的背景时，就会提出一个问题：耶稣怎能对门徒说"你们心里不要忧愁"呢？这不是违背了圣经辅导原则吗？毕竟门徒的问题就是心里忧愁，而且他们显然有充足的理由忧愁！

如果心里忧愁的人可以摆脱忧愁，肯定会毫不犹豫地摆脱。所以告诉他们不要忧愁，不是一种让人绝望的辅导吗？耶稣不比任何人都清楚这一点吗？

但耶稣是辅导大师，所以背景中必定有一些内容可以帮助我们明白他为何这样做。

另外，如果我们根据背景阅读经文，就更容易注意到那些重要的细节。这里有一个非常重要的例子。约翰刚刚告诉我们，耶稣"心里忧愁"（约13:21；与14章1节用的是同一个动词）。"心里忧愁"的耶稣却告诉门徒不要"忧愁"！这不是"锅嫌壶黑"，五十步笑百步吗？有些愤世嫉俗的读者可能会说，"医生，你医治自己吧"（路4:23）。

是不是有点自相矛盾？不错，但是这种矛盾也提供了一 **64** 个线索，可以帮助我们明白耶稣为什么这样劝门徒。实际上，这本身就将我们指向了福音的核心。因着耶稣心里忧愁，当时和现在的门徒就都不用再忧愁了！耶稣之所以忧愁，之所以被卖、被带走、受羞辱、被钉十字架、被神遗弃，就是因为他将那让我们忧愁的重担，也就是我们的罪疚、羞耻和因罪而要承受的死亡（罗6:23）背在他的身上。他明白心里忧愁是什么滋味，所以他能同情我们。因他的忧愁，我们那忧愁的心灵就可以在他里面得享安息。

耶稣的辅导大有能力，因为他解释了门徒心里不再忧愁的原因和方法。门徒有理由忧愁，但他们也有更大的理由不忧愁。随着谈话的展开，耶稣会透过解答两个心里忧愁的门徒提出的问题，来进一步解释这一点。

耶稣为心里忧愁的门徒提出的辅导建议是什么呢？他这里所指的不是琐碎的烦心事，而是指内心的不安。他心里焦虑，门徒也很焦虑。他们的世界正在分崩离析。他们觉得不堪重负，无法掌控眼前的局面。面对此情此景，他们怎么可能不忧愁？应用到我们身上就是，基督徒有可能经历这种属天的安稳吗？

为心里忧愁的人提出的建议

心里忧愁的人问题出在哪里？他们的问题在于：自身拥有的应对威胁的资源，与面对的威胁相比微不足道，不堪一击。就像门徒在加利利海上遇到风暴时一样，我们的技巧和经验都不足以应对眼前的局面。

65

你是否也曾觉得耶稣对门徒不太友善，因为他竟然问他们，"为什么胆怯？"门徒当然有理由害怕了，他们就快要淹死了！实际上，耶稣在温柔地诊断他们的问题。他问门徒："你们还没有信心吗？"（可4:40）换句话说，船上有可用的资源，有一位比风浪更厉害的，而门徒竟然忽视了他，或者更确切地说，竟然不信靠他。

登机的时候，行李会走托运。可能有两百个经济舱的客人需要托运行李，每个人可以携带23公斤行李。而乘客自己也要进入客舱，每位乘客重达几十公斤。当你望向窗外，正好看到了庞大的飞机引擎，是否会想，"飞机是如何从地上飞起来的？"不是因为飞机比空气轻，也不是因为重力消失了。而是因为飞机借助了空气动力学的原理：升力和推力超过了重力和阻力！

基督徒生活也类似。我们被试炼、艰难、困惑和深深的忧愁重压。成为基督徒，并不表示我们就不再遭受这一切，但是另一个律开始在我们身上发动，我们在耶稣基督里有了胜过这一切的资源。

这就是保罗所说的：我们不是靠着自己的力量，乃是"靠着爱我们的主……已经得胜有余了"（罗8:37）。

耶稣责备门徒的时候不是在说，"愚昧的门徒啊，你们是经验老道的渔夫，应该依靠你们自己的经验"。不，他的意思是，"神的儿子就在船上，他是创造加利利的主，是掌管风浪的那一位，而你们却不信靠我"。他们被环境蒙蔽了双眼，以至于看不到救主的同在。他们心中充满恐惧，根本没有信心。

产生信心

我们太容易将信心看作被动的事物，也许是因为我们习惯了"接受基督"这样的说法。但是信心也有主动的一面。睿智的属灵先祖们曾提到"行动的信心"，也就是行出信心，抓住神的应许，将目光定睛在基督和他的属性上（来3:1，12:2）。

请留意耶稣给心里忧愁之人提出的建议："你们信神，也当信我。"

不要心里忧愁。因为神是你的保障："耶和华的名是坚固台，义人奔入，便得安稳。"（箴18:10）"神是我们的避难所，是我们的力量，是我们在患难中随时的帮助。"（诗46:1）难怪每逢马丁·路德和他年轻的密友菲利普·梅兰希顿（Philip Melanchthon）灰心失望的时候，路德就说，"菲利普，我们一起唱《诗篇》46篇吧！"难怪路德根据这首诗篇改编的赞美诗《上主是我坚固堡垒》（A Mighty Fortress Is Our God），在宗教改革的时候犹如国歌。

耶稣对门徒说的这句话也暗含这样一种逻辑："你们要信靠神，所以也当信靠我。"神是他们的避难所，他们已经知道这一点。他们从小就知道《诗篇》46篇。但是现在他们已经同耶稣在一起三年了。他们也完全有理由信靠耶稣，在耶稣里面得到安稳。他们见识过耶稣所行的大能，这足以证实他就是那位应许的弥赛亚。他们也听耶稣提过他和天上的父那独一无二的关系。就像他降世是为要拯救他们一样（约3:16），他现在也要离开这个世界，去父那里为他们预备地方："在我父的家里有许多住处；若是没有，我就早已告诉你们了。我去原是为你们预备地方去。我若去为你们预备了地方，就必再来接你们到我那里去；我在那里，叫你们也在那里。"（约14:2–3）

我们要看到主在这里所用的逻辑是何等有能力，因为信心的力量端赖于此：

耶稣的行动：我要离开你们。

耶稣的解释：我要去父家中为你们预备地方。

耶稣的结论：我去预备了地方，就要回来接你们回家。

你们看到其中的逻辑了吗？神学家口中的基督论，是救恩论的基础。基督论就是基督的位格与工作，而救恩论就是基督的工作如何应用在我们生命中，从而拯救我们。有一点值得强调：信心的大能不在于我们，甚至不在于信心本身，乃在于基督和福音的逻辑。即使信心软弱之人，信靠的也是一位刚强的基督。

这处经文的背景充满了忧愁，压得人喘不过气来，而我们的主显现出何等的耐心和安稳。他爱门徒，关注他们即将遭受的苦难胜过自己的苦难。所以门徒可以毫无保留地信靠他，我们也是一样。

要完全理解这一点可能需要好些时间，门徒确实用了很多 **68** 时间。但是你可以看到由此生出的信心。不论发生什么，我们生命中最重大的问题都已经解决了，我们最终的目的地就是父的家中。除非我们完成了要为主耶稣做的一切工，否则我们不会死去。而主耶稣已经为我们预备了地方，时候一到，他就会接我们回家，回到他那里去。

我们几乎不可能错失当中的含义，难道不是吗？如果这两样事情都是真的，即他去为门徒预备地方，将来还要接他们去他那里，那么门徒就可以确定，他一定会在中间这段时期保守他们。如果对他们来说是如此，对我们来说也是一样。如果他去天上为我们预备地方，将来还要从天上回来接我们，他也一定会在中间这段时期保守我们。

也许彼得——就是那位非常脆弱、容易犯错的彼得，后来就是一边这么想，一边写下了这段话：

> 愿颂赞归于我们主耶稣基督的父神，他曾照自己的大怜悯，藉耶稣基督从死里复活，重生了我们，叫我们有活泼的盼望，可以得着不能朽坏、不能玷污、不能衰残、为你们存留在天上的基业。你们这因信蒙神能力保守的人，必能得着所预备、到末世要显现的救恩。因此，你们是大有喜乐。但如今在百般的试炼中暂时忧愁，叫你们的信心既被试验，就比那被火试验仍然能坏的金子更显宝贵，可以在耶稣基督显现的时候，得着称赞、荣耀、尊贵。（彼前1:3–7）

彼得还是不一样吧？毕竟他亲眼见过耶稣，亲耳听耶稣讲过话。但是别忘了彼得在这里也补充了一句："你们虽然没有见过他，却是爱他。如今虽不得看见，却因信他就有说不出来、满有荣光的大喜乐，并且得着你们信心的果效，就是灵魂的救恩。"（彼前1:8–9）

你信神吗？如果你信神，也当信基督！耶稣进一步指出他们心里为什么不需要忧愁："我往哪里去，你们知道；那条路，你们也知道。"（约14:4）

知道那条路

如果对使徒来说是这样，那么对各个世代的门徒来说也是如此。我们知道他要带我们去哪里，也知道去那里的路该怎么走。

有一位年轻的朋友过去常和我们教会年轻人一起参加暑期短宣。有一天，他在家乡的肉店排队买肉，听到两个人在讨论是否确定自己会上天堂。其中一个认为不能，另外一个则转身对我这位朋友说，"吉米（Jimmy），假如今天晚上你就离开这个世界，你确定自己可以上天堂，对吗？"吉米平静而愉快地说，"是的，我确定！"

我知道这个故事，是因为几天后，在吉米的追思礼拜上，他的牧者提到了这件事，那天参加聚会的人很多。吉米患有癫痫病，就在排队买肉那天晚上，他癫痫病发作，去了天堂。

但是起码对马可楼上的两位门徒来说，这一点还不是特别 **70**
清楚。

回答心里忧愁的门徒

彼得情感大爆发之后，和耶稣又有几次简短交流。现在多马和腓力开始说话。他们两人内心显然还是忧愁。

多马

多马很困惑，而且可能不只他一人感到困惑。耶稣的话是什么意思？根据圣经记载，耶稣对一些门徒说的第一句话就是"来跟从我"。也许门徒当时觉得他们知道耶稣要带自己去何处。但此刻他们不那么确定了。我们可以设身处地地去看这件事。形势压迫着他们，他们无法清醒地思考。

也许耶稣说出下面这番话的时候，也在期待着门徒的回应："我若去为你们预备了地方，就必再来接你们到我那里去……我往哪里去，你们知道；那条路，你们也知道。"如果耶稣真的在期待门徒做出回应，那么多马确实回应了他。多马不太确定："多马对他说：'主啊，我们不知道你往哪里去，怎么知道那条路呢？'"（约14:5）

我们经常称他为疑惑的多马，也许太苛刻了。不过称他为悲观的多马却一点也不过分。他似乎充满了强烈的负面情绪。起码在《约翰福音》的前面他留给我们这种印象。拉撒路死后，耶稣决定去伯大尼，那里离耶路撒冷只有几英里远，而耶路撒冷是反对耶稣的中心。多马却直接假设可能会发生最糟糕的情况，回应说"我们也去和他同死吧"（约11:16）。

71　　你们可能也认识一些说话像多马一样的人。甚至你自己就是这样！

但是起码多马很坦诚："我们不知道你往哪里去，怎么知道那条路呢？"

如果耶稣前面的话本质上是说，"你们若不仰望我，就会心里忧愁，"那么他在这里要表达的就是，"多马，你眼前就是那条路，你只是不知道而已"。"我就是道路、真理、生命；若不藉着我，没有人能到父那里去。你们若认识我，也就认识我的父。从今以后，你们认识他，并且已经看见他。"（14:6–7）

他是什么意思呢？"那条路"对这些年轻的犹太门徒来说到底是什么意思？摩西的律法就是哈拉卡（*halakhah*），就是那条路。神的百姓经常陷入形式主义与律法主义当中，否则他们就会知道《妥拉》（*Torah*，即律法）不只是一套规条和律例，乃是通向蒙福生命的指南。所以摩西劝他们"拣选生命"

（申30:19）。《诗篇》开篇就用一首诗描写了受《妥拉》指引之人所享的蒙福生命（诗1:1–2）。

然而，《妥拉》是以书面形式赐给他们的。可是就像约翰在序言中解释的一样，这时道已经成了肉身！所以耶稣的意思是，"多马，你没看到吗，我现在就是哈拉卡？"他是真正的《妥拉》，真正的道，真正的路。

我们的主说他是真理，不是在暗示旧约律法和旧约律法所提倡的生活方式是虚假的，而是在说这一切都只是入门阶段，只是暂时的而已。摩西律法被赐给神的百姓，直等到应许的弥赛亚来到。[①]然后就像摩西所记载的一样，神要重新兴起一位像摩西一样的先知，而且要大过摩西。百姓都要听他的（申18:18）。他就是真理。

多马还不明白这一点。但是我们比他有优势，因为《约翰福音》一开始就在解释这一点："律法本是藉着摩西传的，恩典和真理都是由耶稣基督来的。"（约1:17）摩西只能看到神的"背"，不能见神的面（出33:20），他只能听到神讲论他的恩典（19节）。但是神的道主耶稣却"面对面地见神"。主耶稣是"父的独生子，满有恩典和真理"。约翰说，《妥拉》是从摩西传下来的，而"恩典和真理"却与我们"面对面"，

72

---

① 十诫（出20:1–17；申5:1–21）其实就是神照着他的形象创造亚当夏娃时，刻在他们直觉中的生命原则（创1:26–28）。虽然十诫没有因为罪而彻底从他们心中抹去（罗2:14–15似乎指出了这一点），神还是在西奈山上重新将十诫写在石版上，专门让以色列的后裔遵行。以色列的后裔是罪人，是被神从埃及救出来，并且女人那位应许的后裔弥赛亚也要从以色列民族而出。在新约中，刻在信徒心里的就是最初创造时神放在人心里的律法，而不是在摩西之约中所体现出来的暂时的民事律和礼仪律（耶31:33；参见来8:8–13，10:16）。

好叫"我们看到他的荣耀"。那活泼的道将父显给我们（约1:1–18）。

约翰一直在教导我们，耶稣就是旧约的《妥拉》，即哈拉卡所指向的实体。耶稣是神的羔羊（约1:29）。他将旧约行洁净礼用的水变成了酒（约2:1–11）。他被举起挂在十字架上，正如摩西在旷野举起铜蛇，叫一切眼望这铜蛇的都得救一样（约3:14）。他是从天上赐下的真粮（约6:32）。他是世上的真光（约8:12）。他是真正的好牧人（约10:11）。

我们无法从诫命和律例本身找到通往父的路，只能从诫命和律例所指向的那一位身上找到通往父的路，正如有的时候我们会先看到一个人的影子，然后再看到这个人一样。虽然"律法本是藉着摩西传的，恩典和真理都是由耶稣基督来的"（约1:17）。

旧约的律法是满有恩典的神赐下的："我是耶和华你的神，曾将你从埃及地为奴之家领出来。"（出20:2）神仁慈地规定可以用献祭遮盖他们的罪。律法指向神的恩典，但是律法绝对没有说自己等同于所指向的那恩典。恩典只存在于耶稣基督里。他是真正的恩典，是真实存在的恩典（彼前5:12）。

从某种意义上说，多马也在问整本旧约提出的一个问题："谁能登耶和华的山？谁能站在他的圣所？"（诗24:3）耶稣回答了这个问题："多马，我就是那能赐人生命的真正的哈拉卡。只有相信我，你们才能到父那里去！"

现在也是一样。律法显出了生命之道，同时也揭示了我们的罪，这一点保罗理解得非常到位（参见罗7:7–13）。但是整个摩西律法也以预表的形式，生动地让我们看到赦罪的代价。

它不是指向自身，而是指向超越它的耶稣基督。约翰在前面记载过，那位施洗约翰仿佛是站在旧约众先知的肩膀上指着耶稣说："看哪，神的羔羊，除去世人罪孽的。"（约1:29）起码影子在让位于实体。

耶稣明确指出了其中的意思："若不藉着我，没有人能到父那里去。"（约14:6）

我家乡的城市有一所中世纪晚期创办的大学。这所大学的校训就取自拉丁文武加大圣经译本中的《约翰福音》14章6节：*Via，Veritas，Vita*。今天这个后圣经文化社会中的学生肯定不知道这是什么意思。这是高等教育的崇高目标吗？即在这些神圣的场所内寻求"真理"（如果真理存在的话），从而找到你的"道路"？也许正是因为人们不知道这些词的起源，它们才免于被刮掉的命运。这些词是引自圣经，所以肯定要照着基督教的习惯来解释。当时创办学校的人觉得学生读到这几个词，**74** 自然就会联想到这整节经文，所以就没有引用整节经文。如果他们当时引用了整节经文，这个校训也许早就被刮掉了。[②]因为说出这几个词的那一位，乃是在说只有他才是道路、真理、生命，因此他是通往神唯一的道路："若不藉着我，没有人能到

---

② 武加大译本的完整翻译是：*ego sum via et veritas et vita. Nemo venit ad Patrem nisi per me*。很多初代信徒有可能非常熟悉托马斯·肯培（Thomas à Kempis）的名言："来跟从我，'我是道路、真理、生命。'若没有道路，我们就无路可走；若没有真理，我们就无从明白；若没有生命，我们就无从生活。我是你们当走的道路，是你们当信靠的真理，是你们当盼望的生命。我是神圣不可侵犯的道路，是毫无谬误的真理，是永无止尽的生命。"Thomas à Kempis, *Of the Imitation of Christ* (London: Griffith, Farron, Okeden & Welsh, 1886), 204。

父那里去。"

读这些词的时候，你几乎可以听到电视上一些受访者冷嘲热讽的声音。这些人擅长贬低别人，他们会问，"你就这么傲慢吗，竟然以为不认同你的人就不能上天堂？"他们的潜台词就是，"可耻，你真可耻，你就是心胸狭隘的顽固分子！"

我们都应当随时准备说出自己心中盼望的缘由（彼前3:15）。我们可以用不止一种方式真诚回答他们的提问。

一、很明显，这不是我们说的。这是耶稣说的，并由"满有爱心的使徒"记载下来！

二、同样明显的是，如果耶稣真是唯独认识父的那位神子呢（太11:27）？难道他无权说只有他能将我们带到父那里吗？

三、可能不那么明显但同样有力的一点就是：如果父神为了将我们带到他面前，差遣他的独生爱子死在十字架上，谁又胆敢以为自己能够发明出另外一条路？是什么样的瘴气蒙蔽了我们的心，让我看不清楚：如果神都无法找出别的路，我又怎能找出别的路呢？我难道想不到，若非万不得已，一位父亲绝不会让自己的儿子遭遇十字架的痛苦？更别提被神离弃的痛苦了。

所以这里傲慢的不是我们，而是另有其人。

75 问题不在于，"基督徒，你觉得你是谁？"

乃在于，"神说只有借着他儿子在十字架上的死，我们才能到他那里去。你是谁，竟以为凭借自己就能到他那里去？"

请想象一下你正站在神的审判台前。父神问，"你希望靠着什么方式进入天堂，来到我的面前？"

你回答说，"我自己找到了来到你面前的路"。

父神却说，"但是我的儿子说，他是唯一的道路，若不借着他，没有人能到我这里来"。

你说，"我知道他是这么说的。但我太难接受他的话了，所以我自己找了一条来到你面前的路"。

根据主在这里的教导逻辑，你和父神的对话会这样结束：

父神会说："我差遣我的儿子在十字架上献上自己。我将全世界的罪都加在他身上，又将属天的义怒倾倒在他身上。我听到了他的呼求，'我的神，我的神，为什么离弃我？'你觉得如果还有别的路可走，我会这么做吗？我的儿子向我祷告说，'父啊，倘若可行，请另外开辟一条路，让他们不用借着十字架就可以到天上去；请将这杯撤去。'但是我对他说：'我儿，没有别的路可走了。他们唯一的盼望就是你喝下这杯，替他们背负罪的审判。只有这一条路可走。'你觉得如果有别的路，我会看不到吗？你为什么如此藐视我的儿子呢？"

你说，"但是我确实通过另外一条路来到你面前了"。

父神会说："没错，你来到了我的审判台前。但你也走在了通往灭亡的路上。"

不论是为我们自己，还是为这个世界，我们都要一丝不苟地看待耶稣对多马的回应。我们没有别的路可走。

腓力

这时，另外一个很少在四福音书中出现的门徒，提出了一个与此相关却截然不同的请求："腓力对他说：'求主将父显给我们看，我们就知足了。'"（约14:8）

耶稣的回答是不是带着一丝淡淡的失望？"腓力，我与你

们同在这样长久，你还不认识我吗？人看见了我，就是看见了父。"（9节）

腓力跟多马的性格不一样。腓力似乎想尽力靠自己弄明白，可是他在这个过程中有时会忘记耶稣！

耶稣刚开始服侍的时候，一大群听众跟着他从加利利海的一岸跑到另一岸。耶稣看到这些人来了，就对腓力说："我们从哪里买饼叫这些人吃呢？"（约6:5）

腓力草草算了一下，推测至少有五千人，而且还不算妇女孩子！"耶稣，一个男人一年的工资也不够给他们每人吃上几口的！"

有趣的是，约翰告诉我们耶稣已经知道他要怎么做。他只是在试验腓力，要看看腓力如何应对这个问题（约6:6），这也是有智慧的牧者时不时会采用的做法！腓力会不会努力想出办法来？

他确实努力了，却发现自己无能为力。安德烈更加足智多谋，也许他更有信心，也许他只是"人缘更好"？总之他发现有一个小男孩愿意分享自己的午餐。

77　　腓力亲眼看着耶稣用几条鱼和几个饼喂饱了这么多人。他难道没看到那位曾经在旷野降下吗哪的父，正在耶稣里面彰显他自己吗？

"人看见了我，就是看见了父……我在父里面，父在我里面，你不信吗？"（约14:9-10）

腓力已经努力想办法喂饱这么多人，可是他没有考虑到耶稣。他再次犯了类似错误。他不明白，喂饱众人的秘诀就在于耶稣是生命的粮（约6:33）。他这次仍然不明白，要透过耶稣才能看到父。

所以耶稣这次回答时就流露出了深深的悲伤，因为他其实是在说：

> 腓力，你跟着我这么长时间了，却还在犯同样的错误。你仍然把我抛在一旁，想自己解开谜底，却不知道我就是解开谜底的钥匙！我在这么长时间里向你显明了父是什么样的，我将父启示给你，你本来应该明白的。我同你在一起时全然活在父"里面"，一直与父同行。你难道没从我的话中听出父的声音吗？你难道没从我行的神迹中看到父的同在与大能吗？腓力，人看见了我，就是看见了父。

这也让我们再次想到约翰在序言中所写的："从来没有人看见神，只有在父怀里的独生子将他表明出来。"（约1:18）道成肉身的耶稣乃是"在父怀里"（*eis ton kolpon*），我们可以说成"就跟父在一起，亲密无间，真实地在一起"。他与父 **78** 如此亲密，以至于可以将父"表明出来"。约翰在这里用的是希腊动词"*exēgeomai*"，英文单词"*exegesis*"（注释）就是出自这个词。

看见耶稣就是看见了父。这里并没有混淆神的两个位格。父与子是不同的位格，但具有同样的性情。这对我们的神学来说至关重要。

但是这些词语对我们个人也至关重要。因为这表明父的品格或父对我们的态度，与耶稣的品格和耶稣对我们的态度完全一致。从这种意义上说，看见了耶稣就是看见了父。我们根本不用担心父里面是不是有一些隐藏的甚至是阴暗的东西。

耶稣已经向腓力和别的门徒显出了一切证据，叫他们可以相信这一点。所以他对腓力说："我在父里面，父在我里面，你不信吗？我对你们所说的话，不是凭着自己说的，乃是住在我里面的父作他自己的事。"（约14:10）

然后他又对所有门徒说："你们当信我，我在父里面，父在我里面；即或不信，也当因我所作的事信我。"（约14:11）

耶稣所做和所说的只可能来自那道，这"道与神同在，道就是神。这道太初与神同在"（约1:1）。腓力难道还没看出"他将父表明出来"（约1:18）吗？

难明白的话

这部分最后，耶稣又用了"实实在在"这个句式。只是他的话经常让《约翰福音》的读者困惑难解。但认真思想他的话，你可能就不会感到吃惊了："我实实在在地告诉你们：我所作的事，信我的人也要作；并且要作比这更大的事，因为我往父那里去。你们奉我的名无论求什么，我必成就，叫父因儿子得荣耀。你们若奉我的名求什么，我必成就。"（约14:12–14）

这是不是主耶稣给我们的一个不带条件的应许？如果是这样，就会出现一系列问题，至少会出现下面这个问题：我们能不能做耶稣所做的一切，甚至做比他更厉害的事？

答案很简单，当然不能。毕竟，当保罗问，"岂都是行异能的吗？岂都是得恩赐医病的吗？"（林前12:29–30）他预期的答案显然是否定的。③

不错，我们知道一天当中大多数时候，只要打开电视，翻到某些频道，就能看到一些人声称他们有能力做到这一切。他们经常站在很大的场馆内，身旁围满了他们的同工。他们所行"更大的事"往往也很有限，他们的神学往往违背两千年来流传下来的基督教会的正统教导。而且可悲的是，他们的生活一般没有什么准则，即便有，也与主耶稣、主的门徒或者绝大多数基督徒所活出的单纯和谦卑相距甚远。

考虑到我们很容易被盛大的场面吸引，主耶稣在登山宝训末尾给了我们一个发人深省的警告："凡称呼我'主啊，主啊'的人，不能都进天国；惟独遵行我天父旨意的人，才能进去。当那日，必有许多人（没错，是许多人）对我说：'主啊，主啊，我们不是奉你的名传道，奉你的名赶鬼，奉你的名行许多异能吗？'我就明明地告诉他们说：'我从来不认识你们，你们这些作恶的人，离开我去吧！'"（太7:21–23）

所以，"作恶的人"（译者注：英文直译就是不受律法约束的人）也可能会赶鬼，行很多异能，甚至以耶稣的名这样做。 **80**

但如果耶稣这里所说并非不带条件的应许，即让我们像他那样行神迹或医病，我们该如何理解他的话呢？毕竟他说的是"信我的人"也要做他所做的事，甚至做"比这更大的事"。

许多解经家认为，耶稣其实是在这里告诉使徒，他们要见

---

③ 保罗的问法表明他期待我们会给出否定的回答。如果要用英文表达保罗的希腊文问法，就要另外再加上一些词，比如："不是每个人都会行神迹，难道不对吗？不是每个人都有医治的恩赐，难道不对吗？"

证更多的人归信基督，比耶稣自己所见到的还要多。

但如果认真考察这处经文，我们可能会发现一种截然不同的解释。

我们已经强调过，在阅读这几章经文时，一定要记住：耶稣不是在对我们讲话，我们当时并不在场。所以我们不能想当然地以为主所说的一切，都可以像应用在使徒身上一样应用在我们身上。

我们要先记住这一点，再来看耶稣话语中的过渡："我实实在在地告诉**你们**：我所作的事，（1）信我的人也要作……"（约14:12）。"（我告诉你们……）（2）你们奉我的名无论求什么……"（13–14节）。[④]

耶稣似乎在强调，他是专门对使徒们说话。他们就是13节中的"你们"。所以我们或许也应该将12节中"信我的人"理解成使徒。如果是这样，从12节到14节的应许就都是给马可楼上听他说话的人，也就是给使徒的。真正可以帮助我们的是这个原则：耶稣说这些话的时候，听他说话的人就只有这剩下的十一个使徒。他特别对使徒说："你们这些心里忧愁的使徒都是我所亲爱的，我要向你们强调一点，你们当中无论何人，只要照着我刚刚所劝的相信我……就可以做比我所行更大的事……实际上，你们无论……求什么……我都必给你们成就！"

别忘了我们已经提过：我们不应该想当然地以为，耶稣所

---

④ 奉基督的名"无论求什么"就表明，这里的"什么"一定要符合神的话语和应许。

说的一切都是对我们说的，仿佛我们当时也在现场。然而，我们当时并不在场，我们也不是使徒。[5]

我们直觉上也知道耶稣有些话是向特定之人所讲，不是对每一个人说的。其中一个明显的例子就是，耶稣吩咐那个富有的少年官变卖一切所有的，分给穷人，并且跟从他（路18:22）。

还有，耶稣再次吩咐门徒在耶路撒冷等候受圣灵（路24:49）。

我们承认这些话中或许有一些和我们相关的应用。但是我们不能误会耶稣所说的话，不能认为每个基督徒都必须变得贫穷才能做他的门徒，也不能认为我们应该在耶路撒冷待几个星期等候受圣灵。

所以这里可以帮助我们的一个原则就是，当时听到耶稣这些话的只有剩下的十一个使徒。所以耶稣说"信我的……"不是指所有信徒，而是特指他前面所劝要信他的人（约14:1）。

如果我们发现这些话不是一个普遍应许，而是一个专门的预言，而且已经应验在使徒们的生命中，就可以进一步确认这种解释。使徒们确实行了耶稣所行的，而且实际上也照着耶稣所应许的，做了"比这更大的事"。

《使徒行传》描述了使徒们如何医好许多病人（3:7、16，82

---

⑤ 从本质上来说，这些人以及马提亚（徒1:21–22、26）和保罗（林前9:1）的使徒职分，是教会中不可重复的职分。要成为使徒，就必须亲眼见过复活的基督，因为使徒的职分是奠基性的（弗2:20）。使徒们会行不可思议的神迹证明他们的侍奉（林后12:12；来2:4）。这也解释了为什么新约吩咐要继续设立长老和执事，却没有吩咐要继续设立使徒。

5:14–16，8:6–7，9:34–41，14:8–10，19:9–12，28:8–9）。还告诉我们，相比耶稣服侍时归信的一小部分人，使徒们带领了更多人归向耶稣。主耶稣从未见过一次讲道后有三千人进入神的国，也从未见过路加记载的初代教会人数迅速增长（2:41、47，4:4，5:14，6:7，9:31，11:21、24，12:24）。所以耶稣这个应许和预言已经应验了。而且从《使徒行传》可以看出，使徒所行的这一切都是出于神对他们祷告的回应（1:4，2:42，4:24–31）。他们按照耶稣的心意，奉耶稣的名祷告，神就为他们成就了！⑥

现在我们已经清楚了，耶稣的这个应许和预言为什么与这整部分的教导是一致的。这部分开头就提到心里忧愁的门徒。而这时门徒已经得到了明确的应许，主耶稣在借此鼓励他们。

在加利利海上遇到风浪之后，这些门徒还从未经历过眼下这种难以面对的情况。他们为之而活的一切，他们所做的一切牺牲、一切盼望，都轰然坍塌：他们的主就要离开他们了！纵使主应许将来某个未知的时刻要回来，依然难以抵消他即将离去所带来的冲击。他们该怎么办？他们没有别的人可以依靠。

这就是耶稣的回答。他们不仅要振作起来，不因今晚心里的忧愁被压垮，还要得着确据，知道他们将要看到神的大作为。主将继续与他们同在，不过是要透过一种奇妙的新方式。主的工作也将继续下去，甚至是以一种更加伟大的方式继续下去。耶稣"既然爱世间属自己的人，就爱他们到底"（约13:1）。

---

⑥ 如果认为耶稣的话是针对所有基督徒说的，那么根据保罗在《哥林多前书》12章30节所说的话，耶稣一定不是指着他所行的神迹说的，而是指着他的侍奉果效，即领人归主说的。

是不是感到不可思议？也许看起来是这样。但这就是耶 **83**
稣在这部分教导的开头和结尾，劝门徒信他的原因（约14:1、
12）。如果门徒信他（他们也确实信了），就会看到耶稣透过
他们行的奇妙之事。

这真是奇妙无比。我们的主注定要经历许多苦难、痛苦
和羞辱。他要被卖，他的门徒也要不认他、离弃他，他要受羞
辱、被鞭打、被钉在十字架上。他知道再过一个小时左右，他
将在客西马尼园俯伏在父的面前，问父有没有别的路。而就在
面临这一切重压的情况下，他依然说出了这番话，来安慰、鼓
励他的门徒。

对我们来说同样不可思议的是，"耶稣基督昨日今日一直
到永远，是一样的"（来13:8）。

第六章
圣灵的三重职分

《约翰福音》14章15至31节

　　"你们若爱我，就必遵守我的命令。我要求父，父就另外赐给你们一位保惠师，叫他永远与你们同在，就是真理的圣灵，乃世人不能接受的。因为不见他，也不认识他；你们却认识他，因他常与你们同在，也要在你们里面。我不撇下你们为孤儿，我必到你们这里来。还有不多的时候，世人不再看见我，你们却看见我，因为我活着，你们也要活着。到那日你们就知道我在父里面，你们在我里面，我也在你们里面。有了我的命令又遵守的，这人就是爱我的；爱我的必蒙我父爱他，我也要爱他，并且要向他显现。"犹大问耶稣说："主啊，为什么要向我们显现，不向世人显现呢？"耶稣回答说："人若爱我，就必遵守我的道，我父也必爱他，并且我们要到他那里去，与他同住。不爱我的人就不遵守我的道；你们所听见的道不是我的，乃是差我来之父的道。

　　"我还与你们同住的时候，已将这些话对你们说了。但保惠师，就是父因我的名所要差来的圣

灵，他要将一切的事指教你们，并且要叫你们想起
我对你们所说的一切话。我留下平安给你们，我将
我的平安赐给你们。我所赐的，不像世人所赐的。
你们心里不要忧愁，也不要胆怯。你们听见我对
你们说了，我去还要到你们这里来。你们若爱我，
因我到父那里去，就必喜乐，因为父是比我大的。
现在事情还没有成就，我预先告诉你们，叫你们到
事情成就的时候，就可以信。以后我不再和你们多
说话，因为这世界的王将到，他在我里面是毫无所
有，但要叫世人知道我爱父，并且父怎样吩咐我，
我就怎样行。起来，我们走吧！”

宗教改革最著名的一个成果，就是我们所说的《桌边谈》
（*Table Talk*）。它不太像一本书，而更像一份播客。谈话者是
谁？马丁·路德。

十六世纪神学教授的生活，和我们今天想象的大不一样。
路德教授和妻子凯蒂（Katie）会“接待学生”，每次十来个。
路德吃饭的时候身心比较放松，但他仍然是一位老师，还是会
就着一个又一个话题自由发表观点，有时候还可能太过自由！
而他的学生就像所有学生一样，总是想方设法将老师的言论记
录下来，流传于后世。

《约翰福音》13至17章是耶稣在受难那天晚上，和十一
个门徒的桌边谈。他的话深深烙印在约翰脑海中。根据约翰的
记载，在当天晚上这个时候，耶稣刚刚说过他是通往父那里的

87

道路，实际上也是唯一的道路。他再次向门徒保证，他要去父那里为他们预备地方。所以他们不应当因为眼前的艰难而不知所措。

尽管如此，门徒心情还是非常沉重，他们知道自己的主即将离开他们。

之后耶稣直接告诉他们，他离开门徒是与他们"有益"。他将解释具体的原因。因为他若不离开他们，"保惠师就不到你们这里来"（约16:7）。

耶稣后面说的这些话，门徒可能觉得帮助不大。因为门徒无法想象，什么能够弥补耶稣离开给他们带来的伤害。门徒更不会觉得耶稣的离开是与他们"有益的"。他们的思维范式需要彻底转变，才能接受耶稣所说的话。即便耶稣已经告诉他们，他们仍然需要明白，有些事情自己现在根本"担当"不了（约16:12）。但是事实就是，耶稣现在所说的他们几乎都不明白，更别提耶稣将要告诉他们的那些事了。

范式转变

我们的主也知道这种情况，所以就以恩慈、智慧待他们。这也是他服侍的特色，因为他一直以老师的身份服侍门徒。主没有直接在这里告诉门徒他离开是与他们"有益"。他先做了铺垫，告诉他们圣灵要来。

苏格兰有句谚语："有时候别人说的不如自己经历的。" **88** 意思就是有些事情只有亲身经历了才能真正领会。否则，我们就等于是在对瞎子讲某处风景有多美，或者等于在告诉失去嗅觉的人某种气味有多芬芳。

所以耶稣在《约翰福音》14章15至31节先花了一点时间，为后面要讲的内容做铺垫。他将要离开门徒。他要为着门徒的缘故离开他们。否则保惠师圣灵就不能来到他们身边。而他如果离开，就会差遣圣灵到他们这里来。

你觉得门徒会不会因为主说他的离开是"与他们有益"，就安下心来？我觉得很难。所有门徒"听到的"都是"离开"这两个字。什么也无法弥补主的离开对他们的伤害。在他们看来，即便保惠师来了，也不能弥补耶稣离开带来的影响。他们不明白，实际上也不能明白，那将要来的圣灵乃是耶稣的圣灵。主在世服侍的三十三年里，圣灵一直与他同在。门徒不明白，这样一位圣灵怎么能住在他们里面。事实上，他们非但不会失去耶稣，还会以一种新的方式与耶稣同在，这样的同在也更为亲密！但是他们若不认识圣灵，就无法明白耶稣的离开竟然是与他们有益的。

我们可以理解门徒心里的感受。你们更愿意接受哪种情况？

一、耶稣在肉身与你同在，你可以听见他的声音，看到他的音容笑貌，分辨他的眼神，看到他的身体姿态还有面部表情。他的一切你都可以看到。

89   还是：

二、圣灵与你同在。

你难道不会选择耶稣吗？

如果是这样，我们就不难理解使徒们为何很难想象耶稣的离开和圣灵的降临是"有益的"。他们没有能力得出这样的结论。所以耶稣现在的教导，是为了给后面做铺垫，好让门徒有一个全新的思维范式。

保惠师

耶稣应许使徒们会得到帮助："我要求父，父就另外赐给你们一位保惠师，叫他永远与你们同在，就是真理的圣灵，乃世人不能接受的。因为不见他，也不认识他；你们却认识他，因他常与你们同在，也要在你们里面。"（约14:16–17）

"另外一位保惠师"这几个词对应的希腊文是"*allos paraklētos*"。"*paraklētos*"的词根含义是"那位被叫来（*klētos*）身边（*para*）"做随时帮助、鼓励和出谋划策的。

在英文中，"another"有两种差别细微的含义：（1）"同一种类当中的另一个"（比如："那块巧克力曲奇饼干很好吃，我能再来一块吗？"）；（2）"不同种类当中的另外一个"（比如："我对这些饼干里的坚果过敏，能另外给我一块吗，就是不带坚果的那种？"）。

而在希腊文中，"another"对应着两个不同的单词："*allos*"（=同一种类当中的另一个）和"*heteros*"（=不同种类当中的另外一个，比如《加拉太书》1章6节的用法）。

随着时间流逝，任何一种语言下的词语都会失去一些细微差别。人们开始用更随意的方式使用这些词，不像词典中定义的那么严格。有时候人们甚至会给一些词加上新的含义。"*allos*"和"*heteros*"这两个词或许也是一样。但是此处经

90

文显然对这两个词做了正式区分。当耶稣说他要差遣 "*allos paraklētos*" 的时候，他的意思是 "和你们已经认识、经历的那位保惠师属于同一种类的另一位保惠师"。最初那位保惠师就是耶稣自己。他其实是在说："我要差遣一位和我属于同一类的保惠师。"

但是后来他又补充了一些不可思议的话：这位保惠师不仅要像耶稣一样与他们同在，还要住在他们里面，永远与他们同在！

我们读过《约翰福音》，所以比当时的门徒更清楚将要发生的一切。我们透过新约其他经文看到，门徒们并没有失去耶稣的同在，而是以一种新的方式继续与耶稣同在，而且这样的同在更为亲密。因为那将要来的保惠师不仅像耶稣一样与他们同在，而且要永远住在他们里面！

我们的主向他们讲明了这一点。当他们继续因着爱而顺服主的时候，神的旨意就会向他们显明。他们害怕自己从此以后就成了孤儿，而事实恰恰相反。因为他们将同时品尝到父和子的爱（约14:21、23）。耶稣没有因此就停止服侍他们。相反，耶稣将永远服侍他们。如果他们意识到正在发生的这一切，就会满心欢喜，不再惧怕（27–28节）。

这位要来作门徒的保惠师的 "*allos paraklētos*" 是谁呢？

《约翰福音》14章15至31节用三幅图景，刻画了这位保惠师的侍奉。

91 **顾问**

圣灵要作他们保惠师的意思就是要成为他们的顾问，这样他们就可以呼求他，寻求他的鼓励与建议。

耶稣一直在服侍门徒，所以他也是门徒的顾问。他这时仍在马可楼上为他们提供建议。他已经告诉门徒不要忧愁，也回答了他们提出的问题，还温柔地引导他们，让他们从不明白到明白。这时他又应许门徒，圣灵要来担任这个角色，继续在他们的生命中服侍他们。

但是"*paraklētos*"这个词还有一层含义，只是看起来不那么明显而已。这个词一共在新约中出现了五次，而且都是出自约翰笔下。除一处例外，其他四次都出现在《约翰福音》中，专门用来指圣灵（约14:16、26，15:26，16:7）。

而例外的这一处也非常重要，因为这处经文帮我们捕捉到了约翰在使用该词时，专门做出的细微区分。他在第一封书信中写道："若有人犯罪，在父那里我们有一位中保（a *paraklētos*），就是那义者耶稣基督。"（约壹2:1）[①]

基督徒有两位中保，一位是住在他们里面的神的圣灵，一位是坐在父右边的神的儿子！保罗也用不同的句子重复了同样的内容：内住在圣徒里面的圣灵为他们祈求，在神右边的耶稣也替圣徒代求（罗8:26、34）。

各种英文版的圣经几乎全都将《约翰一书》2章1节的"*paraklētos*"翻译为"advocate"（中保）。这个词有一种法律上的潜在含义——"*paraklētos*"是我们的帮助者、鼓励者、安慰者、顾问，乃是因为他就是我们的中保（辩护律师）。

这些词可能会让你想起律师事务所的信函抬头："法律顾 **92**

---

① 约翰在第一封书信中的用语让我们想到了《约翰福音》1章1节：耶稣是"与神同在"（*pros ton theon*；面对面与神在一起）的道；他是我们的"*paraklētos*，他与父同在（*pros ton patera*；面对面与父在一起）"（约壹2:1）。

问"。这是律师的传统叫法。律师就是具备专业资格，能够在法律问题上代表你、为你辩护的人。必要之时，他们还可以在法庭上为你的案子辩护，担任你的辩护顾问。

耶稣就充当了门徒的"*paraklētos*"。他在地上服侍期间，一直在"代理他们的案子"。即便到了神的右边，他也不会忘记委托他辩护的那些人。但是他知道门徒在世上仍然需要一位中保，仍然需要鼓励和智慧的建议，也需要明白如何活出忠心的基督徒生活。耶稣离开之后谁能满足门徒的这些需要呢？耶稣向他们保证，圣灵会将他已经开创的事工继续下去。

然而，今天的法律顾问所在的这个世界，与他们的同行耶稣所属的那个世界，有着天壤之别。

现今如果有人需要法律顾问，就会去城里找这样一间办公室：办公室外面挂着大牌子，上面通常写着两三个甚至更多人的名字。我们知道，哪怕是初出茅庐的律师，也明白如何按小时收费或以五分钟为单位来计费。所以如果你去找律师，就要准备好花大价钱！律师是一个行当，他们的条款、标准和收费金额都白纸黑字地写在那里。

当我们读到四福音书中提到的"律法师"时，可能会误以为他们就是公元一世纪的律师。但是四福音书中的"律法师"实际上是指"懂律法的专家"，而非"法庭上的辩护律师"。所以四福音书中提到的律法师喜欢辩论摩西律法的含义，并提出难解

93

的问题，比如："律法说我要爱自己的邻舍，谁是我的'邻舍'呢？"或者"哪一条诫命是最大的？"

因此，律法师是解释律法的，不是在你有难处的时候为你辩护的。律法师不是"*paraklētos*"。如果你需要某个人在法官

面前为你说话，做你的 *"paraklētos"*，你可以找一位关系较好的朋友。他了解你，所以法官会相信他的证词。你可以找到关系最密切的那位朋友，问他："你愿意帮助我，做我的辩护人吗，你愿意做我的法律顾问吗？我遇到了麻烦，需要你站出来为我说话，为我辩护。"这位朋友可以替你在法庭上说话："我来告诉你们真相。我的朋友是无辜的，我最了解他，我和他认识了一辈子。你们可以相信我的话，请相信我！"

"真理的圣灵"（约14:17）与耶稣的关系正是这样，因此与门徒的关系也是这样。他是陪伴耶稣最久、最亲密的"朋友"。

请思想一下。当主耶稣在童贞女马利亚腹中成胎之时，圣灵就已经在那里动工了（太1:20；路1:35）。他让小时候的耶稣在智慧上越发成长，也让神越来越喜悦他（路2:52；参见赛11:2–3）。耶稣受洗和受试探的时候圣灵都在场（路3:22，4:1）。圣灵也在耶稣的整个侍奉期间（路4:14、18）以及他赶鬼的时候（太12:28）赐他能力。耶稣是借着圣灵将自己献给父神（来9:14），并借着圣灵的大能从死里复活（罗1:4）。从耶稣在母腹中直到进入坟墓，圣灵一直与他同在。

圣灵是耶稣的顾问。他为耶稣作见证。他在耶稣生命的每个阶段与他同在，他最了解耶稣。我们甚至可以说，圣灵是我们主"最好的朋友"。

所以圣灵的侍奉才对我们至关重要。圣灵最了解耶稣，也 **94** 最了解我们。他知道如何教导我们认识耶稣，也知道应该将哪些资源从耶稣那里带给我们。他就像明光照耀，有时彰显耶稣这方面的品格与侍奉，有时彰显耶稣那方面的品格与侍奉，最终让我们看到他就是我们需要的那位救主。

这真是对我们有益！"我将要离开你们，"耶稣说，"但是我要另外差遣一位顾问，就是真理的灵到你们这里来。"因为圣灵是真理的灵，所以我们可以全然依靠他。

也正因为如此，我们才渴望爱慕耶稣，高举耶稣。想象一下一位法律顾问转身为他的客户提供建议的场景。圣灵给我们的建议是："定睛在基督身上。看一看他是何等美好。要信靠他，爱他，不要让他失望。要跟随他，一生服侍他。"因着他的服侍，我们可以回应说："没错，我希望那样做。请赐给我那样做的力量吧！"于是靠着他随时给出的建议，我们就可以一直仰望基督，爱他，服侍他。

但是耶稣在这里描述圣灵的侍奉时，还刻画了另外一幅图景。这幅图景我们可能不那么熟悉，而且也没有强烈的神学属性，但是它同样重要。

预备家的那一位

耶稣一直是门徒的顾问。这个角色将由圣灵继续担任。但是在约翰的记忆当中，那天晚上早些时候，耶稣还说过他是为门徒预备住处的那一位。

一位妻子兼全职妈妈填表格的时候如果碰到"职业"一栏，就会填上"家庭主妇（译者注：直译就是预备住处的人）"。这个词比现在通用的"家庭主妇（译者注：英文的意思是待在房子里面的妻子）"让人感觉幸福多了。因为现在用的这个词表达的是一个地点（"房子"）和关系（"妻子"），但是并没有提到一个人是做什么的，即她的职业是什么。而"预备住处的人"却不一样。它让我们看到，这个人的职业就是用上百种不同的方式，将一所房子变成一个家，营造出家的氛围。

请想象一幕情景，教会聚会结束之后，一位妈妈对家中其他人说，"我们有客人要来，我要先走一步，把该准备的提前准备好"。

耶稣告诉门徒这就是他要为他们承担的角色！他是预备家的那一位："在我父的家里有许多住处；若是没有，我就早已告诉你们了。我去原是为你们预备地方去。"（约14:2）

门徒觉得耶稣离开得太早了！但是耶稣告诉了门徒他离开的原因：他要去天上为门徒预备家。

我们都能理解，门徒可能觉得耶稣这样做对他们将来到天上是有好处的。关键是他们如今在地上怎么办？而耶稣也给了他们一个好消息：圣灵要来到这里，做"预备家的那一位"（Homemaker），为他们将来去天上做预备！

请注意这对门徒和我们意味着什么："我不撇下你们为孤儿，我必到你们这里来。"（约14:18）既然为他们预备家的那一位已经走了，他们难免会觉得自己成了孤儿。但事实并非如此，因为圣灵要来。可是圣灵的到来，又如何让他们摆脱做孤儿的可怕感受呢？因为尽管他们有这么多过犯，仍然真心爱慕耶稣，而且圣灵的到来将会实现耶稣对他们的应许："人若爱我，就必遵守我的道，我父也必爱他，并且我们（即父和子）②要到他那里去，与他同住。"（约14:23）

96

_____

② 从耶稣此处提到他和父神关系的方式，可以明确看出耶稣意识到了自己的身份。耶稣在马可楼上还说了很多类似的话。

这是圣经中刻画的圣灵最动人的侍奉图景之一。耶稣将差遣圣灵到门徒那里去，改变他们，让父和子到他们生命中就像到了家里一样！

这是一个非常简单的家庭图景。我们会说，"哪里都比不上家"。但是有时候我们会发现家是如此冰冷，令人尴尬，我们会觉得自己根本不受欢迎，以至于离开家的时候会觉得如释重负。而有的家则充满了爱，家里的人会敞开心扉欢迎我们，让我们觉得温暖。他们仿佛在对我们说，"到这里就像自己家一样"。到了这样的家，我们确实会有这样的感受。我们会觉得心里很舒坦，以至于忘了时光的流逝。

这就是圣灵的侍奉。他不仅让我们感到与神住在一个家中，让我们觉得不再是孤儿，还会改变我们，甚至父可以对子说，"到这个人这里感觉就像到了家里一样，你不觉得吗？"

但是这里也蕴含着一个挑战。那就是这一切都不会自动发生，就像犹大③问耶稣为什么单向门徒显现不向世人显现的时候，耶稣所解释的。他只到信靠他、爱他、顺服他的人那里，他和父只与这样的人同住（约14:21、23）。

你是这样的人吗？

将圣灵的侍奉刻画成"预备家的那一位"，让我们想到了另外两个方面。

首先，这有助于解释基督徒的生活为什么充满挑战。毕竟圣灵正在改造我们，叫我们成为适合父和子安心居住的家！所以要做很多重建工作，还要定期进行春季大扫除。C. S. 路易斯

---

③ 这是十二门徒中的另外一个犹大，可能也被称为达太。

（C. S. Lewis）非常生动地表达了这一点：

> 假设你自己是一幢住家的屋子，神要来重建这屋。他开初做的那些事，你都能明白。他将沟渠修整好，将屋顶的漏补好。这些你都知道是应该做的事，不觉得有什么希奇。但他随即开始对整幢房子动工，每一步都令你不快，觉得毫无道理。他到底要干什么？答案是，他要重建一幢和你所想的完全不同的房屋，在这边加盖一个小房子，在那里多造一层，加高亭台，修建院子。你以为造间小小的别墅已很满足，但他要造的却是王宫，他打算自己住在里面。[4]

其次，将圣灵视为预备家的那一位也有其合理性。

在西方世界，全职在家的女性如果被问及"你做什么工作"，她可能会说"我是家庭主妇（homemaker）"，但是有些回应可能让她感到不受尊重，比如"哦，就是说你什么工作都没做"或者"你没做别的工作"。这些话的潜台词往往是：如果只是这样，你就没有多大价值了。

我们要为耶稣用这样的图景描写他"最好的朋友"而欢呼！圣灵就像一位预备家的家庭主妇一样，他不会将别人的注意力吸引到自己身上。他的心愿不是荣耀自己，而是荣耀耶稣（约16:14），翻转别人的生命，让他们成为父和子安心居住的

---

④ 路易斯（C. S. Lewis），《返璞归真》（*Mere Christianity*，1952; repr., William Collins, 1955),170–71。路易斯承认，这种观点还有其作品中的其他很多观点，都来自乔治·麦克唐纳（George MacDonald）。

98 地方。在每一个充满爱的家庭中，预备家的那个人都会让人感到亲切、受人爱戴，甚至被尊崇，因为全家人的幸福都端赖于她。事实上圣灵并不荣耀他自己，而是荣耀耶稣。这是我们要为着圣灵的侍奉而高举他的另外一个原因。难怪公元325年制定《尼西亚信经》（Nicene Creed）的教父们会承认"圣灵应当与父和子一同受敬拜，得荣耀"！

所以，基督作为中保和预备家的那一位所承担的侍奉，将由圣灵来继任。主所做第三个维度的工作也是一样，这个维度的工作同样重要。

教师

耶稣自己一直做门徒的教师。即便此时在马可楼上，他仍在教导门徒。他一直在耐心回答门徒提出的问题，帮助门徒理解他说的话。门徒称他为老师（夫子），他也接受了这一称呼（约13:13）。

这时他们要失去自己的老师了。可是耶稣也再次向他们保证，他们会继续得到教导，因为他们仍然有很多事要学（约13:7，16:12）。保惠师降临之后，也要作门徒的教师："我还与你们同住的时候，已将这些话对你们说了。但保惠师，就是父因我的名所要差来的圣灵，他要将一切的事指教你们，并且要叫你们想起我对你们所说的一切话。"（约14:25-26）

但是如何才能做到呢？

约翰亲身经历了这一应许的应验。他之所以能写出《约翰福音》，就是因为这一应许已经应验了。约翰不仅记载了他"想起"耶稣"所说的"一切话，还记载了他在圣灵的指教下，所看见所明白的与主有关的"一切事"。

门徒要学习什么呢？

99

保罗告诉我们，神的灵参透"神深奥的事"，并将这事显明给我们（林前2:10–13）。在圣灵面前，不论是永恒的三一真神，还是主耶稣的侍奉，都没有任何隐藏的余地。所以耶稣说，当圣灵来了，"到那日（即五旬节）你们就知道我在父里面……"（约14:20）。

换句话说，当圣灵来了，门徒将更深地认识耶稣与父的关系，明白他们的关系是何等亲密："到那日你们就知道我在父里面。"

这里的介词"在……里面"是什么意思？

曾经有人问奥古斯丁"时间"是什么意思。他说在听到这个问题之前，他曾以为自己已经知道答案了！[5]介词可能也跟"时间"一样。我们一直在使用介词"在……里面"。我们非常清楚它是什么意思。但是如果有人问我们，"耶稣说子'在父里面'是什么意思？"我们就会发现我们竟然不明白这个介词。

很多年之后，约翰也许想起了那天吃晚餐的时候，他一直"挨近耶稣的怀里（*en tō kolpō*）"（约13:23），于是提笔写下了《约翰福音》的头几个字："道与神同在（*pros ton theon*；面向神，与神面对面）……在父怀里（*eis ton kolpon*）……"（约1:1、18）。约翰是否透过他自己与耶稣的关系，透过明白他是"耶稣所爱的"那门徒，而想到耶稣与父的关系，想到耶稣是

---

⑤ Augustine, *Confessions*, 11.14.

"父所爱的儿子"？

约翰用这一整卷福音书透漏了他是如何看出这一点的，即透过子在与父的关系中所显出的荣耀，透过父向子彰显爱的方式，透过子对这爱的回应（约3:35，10:17）。门徒的眼睛还没有打开，还无法看清这一切。但是耶稣也提示门徒圣灵到来之时他们将要享受的那些特权。

如果圣灵要将关乎耶稣和父关系的深奥之事指教门徒，也会将关乎耶稣和门徒关系的深奥之事指教他们："到那日，"耶稣说，"你们就知道我在父里面，你们在我里面，我也在你们里面。"我们的主和父神的关系，与门徒和主的关系是平行的。当保惠师到来的时候，他们也将经历这一点。

耶稣仿佛在说："在整个侍奉期间，我一直与你们同在，但是我一直在你们之外。你们可以看到我，摸到我，听到我说话。但是那位像我一样的圣灵来了，他要住在你们里面，就像他住在我里面一样。他将生活在你们里面，从里面改变你们，赐你们力量。"

所以只要耶稣还在肉身与他们同在，圣灵就无法住在他们里面。他必须离开他们，圣灵才能住在他们里面。

这是一个惊人的应许。门徒担心如果耶稣离开他们，他们与主的关系就会终结。但事实正好相反。因为当他离开之后，圣灵到来的时候，他们就要相互住在对方里面。

圣灵在主耶稣和他百姓之间赐下的这种联合，是福音最大的奥秘之一。但这也是基督徒生命的核心，就像保罗所说：

如果神的灵住在你们心里，你们就不属肉体，乃属圣灵了。人若没有基督的灵，就不是属基督的。
基督若在你们心里，身体就因罪而死，心灵却因义
而活。然而叫耶稣从死里复活者的灵，若住在你们心
里，那叫基督耶稣从死里复活的，也必藉着住在你
们心里的圣灵，使你们必死的身体又活过来。（罗
8:9–11）

圣灵住在我们里面，就等于基督住在我们里面，叫我们
经历到保罗所描写的，"基督在你们心里成了有荣耀的盼望"
（西1:27）。

这也可以帮助我们明白耶稣论到圣灵时那句奥秘的话：
"你们却认识他，因他常与你们同在，也要在你们里面。"
（约14:17）

介词

圣灵"常与你们同在，也要在你们里面"。我们往往认
为，耶稣的话是在描述新约时代和旧约时代信徒的差别：旧约
时期，圣灵（只是）与信徒同在，而到了新约时期，他要住在
信徒里面。

可是这个解释好像有些差强人意。因为这就等于说，在旧
约中圣灵只在外面动工。圣灵确实在外面动工，来成就神的旨
意，而且各样美善的恩赐也都是从他那里来的。但是使徒们所
写的内容也教导我们，圣灵内住在新约时期信徒里面所结出的
果子，已经悉数存在于旧约时期信徒的生命中了。我们稍加思
考就会发现，新约经常借着旧约时期的人物，来阐明福音的恩

102 典和果子。如果新约信徒因圣灵"内住"才能产生的果效，旧约信徒因圣灵"同在"就能产生，那就有些奇怪了。没错，当圣灵以基督之灵的身份到来的时候，他的侍奉就完满了。但是圣灵与信徒互动的方式肯定也有其延续性。

耶稣这话是什么意思？他的意思可能更像是："你们已经认识保惠师，就是真理的灵，因为他住在我里面，一直与你们同在。但是当我差遣他从父那里来到你们身边的时候，这位圣灵同样也要内住在你们里面，与你们同在。没错，这三十三年来一直与我同在的那位圣灵，也要住在你们里面，并将他住在我里面时为我提供的一切资源，也就是圣洁与爱，都赐给你们。"

膏抹耶稣的这位圣灵，毫不改变的这位圣灵，也要住在所有基督徒里面！

请这样思考一下：圣灵住在耶稣里面。此刻这位圣灵也要住在耶稣的门徒里面。一共有多少位圣灵？两位吗？一位住在耶稣里面，一位住在信徒里面？

不是的，只有一位。

或者可以换个方式问一下：既然圣灵内住在每个基督徒里面，那一共有多少位圣灵？几百位，几千位，还是几百万位？同一位圣灵能内住在所有信徒里面吗？

不是的，只有一位。

只有一位圣灵，只有一位保惠师。所有基督徒都是由同一位圣灵内住，就是与道成肉身的神儿子同在的那一位圣灵。

103 这个神学道理说起来很容易，但是又有几个人能真正理解它的内涵？如果只有一位圣灵，那么主耶稣应许要差遣到门徒那里的圣灵，肯定就是住在主耶稣里面的那位。耶稣升天之后差遣到教会中的圣灵，就是三十三年间一直与耶稣同在的圣灵。如果他住在我们里面，我们将与耶稣建立最亲密的团契关系，也将与彼此建立最亲密的团契关系。我们不仅与基督同有一位圣灵，也彼此同有一位圣灵！

这就是耶稣给门徒的应许。门徒虽然暂时"失去了"他们的教师，却要以全新的方式"得着"他。

稍后我们将会花更多时间，一起查考圣灵是如何做我们的教师的。但是眼下我们应当注意，圣灵若住在我们里面，他就能如所有老师所希望的，进到学生里面教他们。不仅仅是从外面透过"启发"教他们，而是在里面"光照"他们。耶稣所差遣的这位保惠师兼教师就要这样做。他启示了新约，也光照信徒的内心。所以他能让我们明白他的启示，并让我们心里火热，接受他的启示。从这种意义上说，圣灵延续了耶稣在以马忤斯路上的侍奉：他光照我们的悟性，并让我们心里"火热"（参见路24:13–35）。耶稣要透过这种方式来到存心顺服的门徒面前，向他们显现（约14:21）。

下一阶段

耶稣结束了这部分教导。他对门徒说，"我们走吧！"（约14:31）许多学者认为，耶稣和门徒此时必定离开了房间，经过圣殿前往客西马尼园了。但是约翰并没有明确提到这一点，直到18章1节，才提到他们离开了此处。所以这句话有点让人摸不着头脑。

他们可能还在继续交谈，就像我们有时候也会在聊天的间

104

隙说一句，我们该走了！但是还有另外一种可能。耶稣刚刚提到了魔鬼即将攻击他们。他说，"这世界的王将到"。但撒但虽然可能是"这世界的王"，他却对主耶稣没有丝毫的权柄："他在我里面是毫无所有，但要叫世人知道我爱父，并且父怎样吩咐我，我就怎样行。起来，我们走（*agōmen*）吧！"（约14:30–31）

　　约翰这里用的动词"*agōmen*"，有时候会用于军事场合，表示军队正朝着敌军挺进，准备与对方交锋（"进攻！"）。如果约翰的用意是这样，那么耶稣就不是在说他们要动身离开，而是在指即将遭遇的争战。这里的"走"不是地理上的，而是属灵上的："仇敌即将到来，我们起身迎战吧！"

　　约翰深知"全世界都卧在那恶者手下"（约壹5:19）。门徒即将进入那恶者所统治的黑暗当中。但耶稣不仅在灯火通明的马可楼上是主，他在耶路撒冷漆黑的夜晚依然是主。门徒接下来要经历一些黑暗的日子，但是耶稣已经应许要为他们差来"另外一位保惠师"，这位保惠师要永远与他们同在。最后的决战已经打响，耶稣将保护门徒，他们必不受到伤害。

第七章

真葡萄树

《约翰福音》15章1至17节

　　"我是真葡萄树，我父是栽培的人。凡属我不结果子的枝子，他就剪去；凡结果子的，他就修理干净，使枝子结果子更多。现在你们因我讲给你们的道，已经干净了。你们要常在我里面，我也常在你们里面。枝子若不常在葡萄树上，自己就不能结果子；你们若不常在我里面，也是这样。我是葡萄树，你们是枝子；常在我里面的，我也常在他里面，这人就多结果子；因为离了我，你们就不能作什么。人若不常在我里面，就像枝子丢在外面枯干，人拾起来，扔在火里烧了。你们若常在我里面，我的话也常在你们里面；凡你们所愿意的，祈求就给你们成就。你们多结果子，我父就因此得荣耀，你们也就是我的门徒了。我爱你们，正如父爱我一样，你们要常在我的爱里。你们若遵守我的命令，就常在我的爱里；正如我遵守了我父的命令，常在他的爱里。

　　"这些事我已经对你们说了，是要叫我的喜乐存在你们心里，并叫你们的喜乐可以满足。你们要彼此

相爱，像我爱你们一样，这就是我的命令。人为朋友
舍命，人的爱心没有比这个大的。你们若遵行我所吩
咐的，就是我的朋友了。以后我不再称你们为仆人，
因仆人不知道主人所作的事；我乃称你们为朋友，因
我从我父所听见的，已经都告诉你们了。不是你们拣
选了我，是我拣选了你们；并且分派你们去结果子，
叫你们的果子常存，使你们奉我的名，无论向父求什
么，他就赐给你们。我这样吩咐你们，是要叫你们彼
此相爱。"

葡萄树和枝子。这是我们非常熟悉和喜爱的一处经文。与
这处经文有关的著作可谓浩如烟海。有时候和基督徒生活相关
的整个神学都是建基于这个主题，尤其是"住在基督里"这个
概念。

耶稣已经提到门徒将因圣灵的内住与他建立新的关系：
"你们在我里面，我也在你们里面。"（约14:20）为了让门
徒都能明白，耶稣这时用了一个详细的比喻来描述这种关系：
107 他是葡萄树，门徒是枝子。父就是修剪葡萄树的那一位，目标
是叫他们"多结果子"。为了实现这个目标，有两件事必不可
少：他们要与基督联合，也要被父修剪。

如果要突出《约翰福音》14章15节之后耶稣的教导重心，
也许比较好的做法是问一个问题：新约最常用哪种方式来描述
基督徒？奇怪的是，最常用的并不是"基督徒"这个词。如果
你翻一翻新约圣经，很快就会发现"基督徒"这个词很少出

现，确切地说只出现了三次：

> 《使徒行传》11章26节："门徒称为基督徒是从安提阿起首。"

> 《使徒行传》26章28节："亚基帕对保罗说：'你想稍微一劝，便叫我作基督徒啊？'"

> 《彼得前书》4章16节："若为作基督徒受苦，却不要羞耻，倒要因这名归荣耀给神。"

上面的两处经文甚至是整个三处经文中，"基督徒"似乎都是一个辱骂性的用语，其含义也许类似于十七世纪的清教徒还有当今的**基要主义**。信靠基督的人被称为"基督徒"，即属于基督的人。但是他们自己好像更喜欢以"圣徒""门徒"或"信徒"自居。

然而这些词都不是新约最常见的称呼。新约出现最多的称呼是"在基督里的人"。这个称呼和类似叫法"在他里面"，一共出现了不下两百次。

我们与基督的联合，才是基督徒生活的中心。在《约翰福音》15章，耶稣就在帮助门徒理解这句话的含义。他已经在这样做了。他向门徒解释了圣灵要来住在他们里面，门徒也要经历和他更亲密的关系：他们要与基督联合，他们要住在基督里面，基督也要住在他们里面。"你们在我里面，我也在你们里面。"（约14:20）

108

此外，要想实现这一点，基督就要离开他们，回到父那里去，差遣圣灵来住在他们里面。从基督的母亲马利亚刚怀上他，一直到基督从坟墓中复活升天回到父那里，圣灵都住在基督里面。

圣灵住在我们里面，就等于耶稣亲自住在我们里面。

门徒肯定觉得这一切听起来很奇怪。所以耶稣作为他们的老师，开始帮助他们明白这一切到底是什么意思，到底意味着什么。

我是谁？

你怎样看待自己？或者用现代话来说：你的自我形象是什么？你是否觉得自己是"在基督里的人"，是与基督联合的人，是荣耀的主借着他的圣灵亲自内住的人？

我们一开始愿意成为基督徒，往往是因为我们认识到自己需要得到赦免，需要得到新的生命。我们意识到基督就是神对我们的需要给出的回答。但是我们若以为信主的那一刻，就已经明白了基督徒所要学习的一切，那就大错特错了！成为基督徒不仅涉及到赦罪和更新，还涉及到新的身份。它翻转了我们，也翻转了我们看待自己的方式。我们仍然需要深入挖掘这句话："若有人在基督里，他就是新造的人，旧事已过，都变成新的了。"（林后5:17）

为了帮助门徒明白这一点，耶稣用了一个他们常见的景象：枝头挂满了一串串葡萄的葡萄树。

神的百姓在迦南地安定下来之后，就经常见到葡萄树（书24:13）。实际上，他们自己也被称为葡萄树：

109

你从埃及挪出一棵葡萄树，

赶出外邦人，把这树栽上。

你在这树跟前预备了地方，

它就深深扎根，爬满了地。

它的影子遮满了山，

枝子好像佳美的香柏树。

它发出枝子，长到大海；

发出蔓子，延到大河。（诗80:8–11）

　　有些解经家认为，透过《约翰福音》14章31节的"起来，我们走吧"，就可以看出耶稣和门徒已经离开了马可楼，准备经过耶路撒冷往前赶路。这些解经家在想，耶稣之所以提到葡萄树，是不是因为他看到了圣殿前面的葡萄树？根据犹太口传律法《弥须拿》（*Middoth*）："圣殿入口的大柱子上装饰着一棵金葡萄树。任何人都可以通过向祭司购买一片金葡萄叶、一颗金葡萄或一挂金葡萄，来向神献上甘心祭。"[①]

　　但是门徒在什么地方，于此处的教导并没有那么重要。重要的是这个教导到底是什么意思。耶稣是在用葡萄树的比喻，教导他们圣灵所带来的一个现实："我是葡萄树，你们是枝子。你们因着圣灵与我联合，在我这里得到滋养。我在你们里面，将生命赐给你们。你们也在我里面，借着我提供的资源结

110

[①] *Middoth* 3.8, Alfred Edersheim 译，摘自 *Sketches of Jewish Social Life* (London: Religious Tract Society, 1876), 304。罗马作家塔西佗（Tacitus）在 *Histories*, 5.5，约瑟夫（Josephus）在 *The Wars of the Jews*, 5.5.4 中都提到了这句话。约瑟夫提到这棵金葡萄树上的葡萄挂和人一样高。

出果子，叫我父得荣耀。在这样的关系中，天父就像修剪葡萄树的人，他负责照看葡萄树。所以你们要看到，你们生命中发生的各种事件、遭遇的各种状况，都是他在修剪你们，有时候甚至是用修枝刀来修剪。他这样做，是希望你们多结果子！"

这幅图景中蕴含了几个重要原则。

多结果子所需要的资源

第一个原则就是，要想多结果子、在基督徒生命上成长，就要与主耶稣联合。枝子必须依靠葡萄树，才能结出好葡萄。

保罗也发现了这一点。他写道，"我靠着那加给我力量的（*en tō*，在他里面），凡事都能作"（腓4:13）。他不是说自己想做什么就能做什么，而是说因为他的生命"与基督一同藏在神里面"（西3:3），所以可以得到各样所需的资源，去面对各种事情。所以他知道如何处富足和贫穷，也知道如何应对高升和降卑，因为他"在基督里"。所以，他的生命也影响了他人，而且在影响他们的时候"结出果子"，将他们引向主。

但是枝子如果生病了，也无法多结果子。只有修剪干净、健康的枝子，才能结出好果子。门徒也是一样。他们已经因耶稣所讲的道洁净了，但是他们也需要修剪，进一步被洁净。他们若不能吸取耶稣提供的资源，就无法有好行为："因为离了我，你们就不能作什么。"（约15:5）所以他们必须"住在"他里面。

111　　可是"住在基督里"是什么意思呢？我们可能要用整整一本书才能解释清楚。但是就《约翰福音》15章的背景来说，住在基督里的意思就是，在生活中要意识到神的儿子爱我们，为我们舍己，并借着他的圣灵住在我们里面，而且知道我们的生命不再是自己的，而是属于基督。我们相信基督，并进到基督里面。这是保罗的用词，他用这种方式描述我们与基督的联合。他里面所潜藏的一切资源，此刻都成了我们的，我们必须好好吸收。

所以我们要时常提醒自己，我们已经在他里面有了一个新身份。我现在成了基督里的人，那位荣耀的主已经住在我们里面。

如果认识到这一点，我们看待自己的视角将不再一样，看待教会里其他人的视角也不再一样，对待他们的方式也会不同。如果我们看到彼此的时候，就能想到"那位荣耀的主愿意住在她里面而不觉得羞耻！"这种看待问题的逻辑难道不会改变我们对待彼此的方式吗？"既然基督已经给了他尊荣，我也应当用同样的尊荣待他！"这样我们的教会大家庭才会像初代教会一样多结果子，借着我们彼此相爱吸引人来到基督面前。

父修剪我们

负责葡萄园的人会修剪葡萄树。主耶稣这个比喻可谓匠心独运。一部分原因是它涵盖了很多方面。葡萄树在土壤、阳光和雨水的滋养下不断生长。但是适时地用修枝刀修剪枝条，也会有助于葡萄树生长："凡结果子的，他就修理干净，使枝子结果子更多。"（约15:2）

一位佛罗里达州的朋友曾带我参观他家的葡萄园。葡萄园的地上当时铺了厚厚一层小树枝，都是他的工人们剪下来的。这些数不清的小树枝证明当时正值剪枝的季节，但修枝刀不是 **112**

为了破坏葡萄树，而是为了使葡萄树结果更多。

如果不懂园艺学，我们看到别人修剪葡萄树或灌木丛的时候，就会觉得他们是在盲目破坏。但是要想让葡萄树健康生长，就必须剪枝，只有这样葡萄树才能茁壮成长，多结果子。

葡萄树上剪下的枝子不会感到痛苦。我们不一样，我们会感到痛苦。我们和葡萄树一样，不明白修剪葡萄树的人到底在做什么。所以我们被修剪的时候，可能会不自觉地问："神为什么这么做？他不关心我吗？"我们下意识的反应是："先停一下！你不觉得这是在伤害我吗？"

但是耶稣是在帮助我们。说实话，即便知道父是修剪葡萄树的，会用修枝刀修剪我们，我们依然会痛苦，生活中各种难解的奥秘依然难以解开。我们的思想太有限了，很难充分理解那位掌管万有的无限的主到底在做什么。但是如果真正明白了耶稣关于我们与他联合的教导，我们就会意识到那些看来会伤害我们，甚至造成浪费的事情，对我们的属灵成长是必不可少的、是有益的。神就是透过这样的方式在我们里面培育出圣灵的果子（加5:22–23）。

威斯科特主教（Bishop Westcott）说得好："凡是会分散葡萄树的生命力，影响葡萄树结果子的枝子，都要剪掉。"[②]神剪掉那些有碍我们成长的部分之后，使我们更像基督，更好地服侍他。

这是贾艾梅（Amy Carmichael；1867–1951）自己学到并且

---

② B. F. Westcott, *The Gospel according to John* (1881; repr., Grand Rapids, Mich.: Eerdmans, 1951), 217.

第七章　真葡萄树

教给他人的功课。她在印度做了半个多世纪的宣教士，亲眼目
睹和经历了很多痛苦。在默想这处经文时，她写下了散发着智
慧光芒的话语：

> 我们看到地上散落着绿叶，看到光秃秃的树干被
> 修剪得伤痕累累时，会觉得这是一种莫大的浪费。但
> 是如果负责修剪树枝的是一位经验丰富、值得信任的
> 农夫，他就不会随便剪去任何一个枝条。凡他所剪掉
> 的，都会给我们带来益处，若是留下反倒会给我们带
> 来损失。③

113

所以她祷告说："良善的主，求你除掉一切让我分心的事。"

当修剪葡萄树的父拿起修枝刀的时候，我们可能会感到
极其痛苦，或许也看不到他最终的旨意。但是他从不会犯错。
他每一下修剪都有目的。耶稣原本可以在这里重复之前对西门
彼得说过的话："我所作的，你如今不知道，后来必明白。"
（约13:7）

耶稣洗彼得的脚时是什么情况，神每次修剪我们时也是
一样。

道的滋养

耶稣还提到了第三个重要原则：我们与基督的联合会因
神的道得到滋养。"现在你们因我讲给你们的道，已经干净

---

③ 我竭尽全力也没能找到这句引文的出处。

了。"（约15:3）

耶稣向门徒保证，他们已经"干净"了。但是如果想让他们与基督联合的通道保持畅通，好叫他们祷告时所求的都符合神的旨意，门徒就必须为基督的道留出空间，让这道在他们里面动工："你们若常在我里面，我的话也常在你们里面；凡你们所愿意的，祈求就给你们成就。"（约15:7）

这些话非常重要，因为我们从中看到了怎样才算住在基督里。

114　　在这一点上，我们对耶稣话语的解释可能会出现偏差。我们必须克制冲动，不能只抓住"住在"这个词，脱离经文自由发挥。你之前参加查经小组的时候，可能也出现过整个讨论都跑题的情况。因为小组中有一个人说"我觉得'住在基督里'是……"但是我们怎么"觉得"，并没有什么用处！相反，我们需要问一问经文本身："你是怎么想的？"通常我们若专注于经文，经文的细节就会越发清晰。这里也是一样。因为耶稣亲自告诉我们如何"住在他里面"：让他的道住在我们里面，我们就可以住在他里面。

这里有一种模式，在新约其他地方也出现过。保罗这样描写我们与基督的联合："你们既然接受了主基督耶稣，就当遵他而行……"（西2:6）但是具体该怎么做呢？保罗在后一章给出了答案："把基督的道理丰丰富富地存在心里。"（西3:16）

你如果想住在基督里面，就要让基督的话语丰丰富富地住在你里面。你心中的任何一个房间、任何一个柜子，都要向基督的话语敞开。要让基督的话语像光一样照进你的头脑中，让它温暖你对基督的情感，并让你的意志降服于基督的意志。基督的话语是基督的器皿，基督的灵会借助这器皿，帮助我们与基督联合，将我们改造成基督的形象。正是通过这样的方式，"我们众人既然敞着脸得以看见主的荣光，好像从镜子里返照，就变成主的形状，荣上加荣，如同从主的灵变成的"（林后3:18）。

在结束这个原则之前，我们还要留意它的另外一个方面。

有时候基督徒的血液系统也会染上看不见的疾病。基督徒容易觉得：我们的圣经学习，包括讲道、小组查经或个人研经，已经将该做的都教导给我们了。我们只需要照着做就可以了。

当然，圣经中会给出吩咐。我们已经听到耶稣自己说，"你们既知道这事，若是去行就有福了"（约13:17）。顺服非常关键。

但是我们绝不可忽略一个事实，那就是神的话语也会在我们里面动工。所以耶稣才说："现在你们因我讲给你们的道，已经干净了。"（约15:3）后来他在祷告中也提到了这个主题："求你用真理使他们成圣，你的道就是真理。"（约17:17）

这里的核心教导是什么？要想在圣洁上成长，就要照着神话语的吩咐去行。但是比遵行神话语更根本的，就是神的话语正在我们里面动工！没错，我们蒙召"起来为他做工"。但是只有让神的话语在我们里面动工，这一切才会发生。

保罗也向帖撒罗尼迦信徒讲明了这个原则。他为帖撒罗尼迦信徒而欢喜，因为他们领受了神的话语，"不以为是人的

115

道，乃以为是神的道。这道实在是神的，并且运行在你们信主的人心中"（帖前2:13）。

所以我们要定期接受神话语的牧养，要鼓励我们的传道人好好喂养我们，并祷告求神祝福他们的解经。凡是称职的传道人，都会乐于听到自己的会众发自内心的呼喊："再多喂养我一点吧！我想让基督的话语丰丰富富地住在我里面，这样我才能与基督同行，与基督联合，多结果子。"

若非如此，我们就会贫血。但是我们有时候可能察觉不到自己的软弱。我们会根据自己所领受的属灵喂养来调整自己，116 并且越来越适应这样的喂养，将这当作我们的标准，最终以为我们只要这样做了，就等于活出了标准的基督徒生活。只有听到神纯全完备的话语，我们才会意识到自己一直营养不良。千万不要成为一个让会众灵里挨饿的传道人！

我们已经看了三个重要的原则：一，与基督联合是多结果子的根源；二，要想与基督联合，就一定要被天父修剪；三，与基督联合少不了神话语的滋养。下面是最后一个原则。

最重要的是爱

如果说我们与主耶稣的联合就像一片土地，那么这片土地上结出的最根本的果子就是爱。

你们可能已经厌倦了"我们必须彼此相爱"的说法。这种说法听起来是那么模糊。有时候我们觉得它的意思不过是："你如果爱我，就要接受我本来的样子，放手让我做一切想做的。你当然不能说我做错了。"

但是请听听耶稣是怎么说的："我爱你们，正如父爱我一样，你们要常在我的爱里。你们若遵守我的命令，就常在我的爱里；正如我遵守了我父的命令，常在他的爱里。"（约15:9-10）

根据耶稣所说的，我们若真心爱他，就一定会遵守他的命令。正如他爱天父，所以就遵守天父的命令一样。耶稣爱十诫，遵行了十诫！

我们的主鼓励我们去爱，并没有降低对我们的要求。如果认真说，这是更高的要求。因为我们有了一条爱的新标准："你们要彼此相爱，像我爱你们一样。"（约15:12）那么耶稣 **117**是如何爱他们的？"就爱他们到底。"（约13:1）他"为朋友舍命"（约15:13）。

然而我们也要注意，他的命令当中充满了恩典。他称他们为"朋友"。他们本是主的门徒和仆人。他们无权知道主的心意是什么。但是这时主却在与他们分享自己的计划。这时他们已经成了"朋友"。主已经拣选了他们、呼召他们成为他的朋友。这就是恩典。这也应当激励我们顺服他。

此外，主还将他们介绍给自己"最好的朋友"圣灵。现在他即将差遣圣灵到他们那里去。正是在这种团契关系中，他的话语进入他们里面，做洁净、成圣的工作。

"没错，"耶稣说，"我知道你们靠着自己无法多多结出爱的果子，也无法将生命降服在天父面前，叫你们的祷告符合他的旨意。但是你们如果与我联合，让圣灵住在你们里面，你们就不再是孤儿，而成了我的朋友，这时一切就都是可能的。朋友们，我吩咐你们要彼此相爱。"（参见约15:17）

耶稣应许他们，他们的"果子常存"。

他们的果子确实常存，因为我们就是他们结出的部分果子！

但是门徒结出这样的果子之前，圣灵要先在他们里面结出另一样果子。因为如果在恩典中与他联合，凭信心住在他里面，并因顺服让神的话语住在他们里面，他们就一定会喜乐："这些事我已经对你们说了，是要叫我的喜乐存在你们心里，并叫你们的喜乐可以满足。"（约15:11）

耶稣的意思是不是说，他告诉门徒这一切，就是为了叫门徒可以成为他喜乐的源头？还是说叫他可以成为门徒喜乐的源头？我们几乎可以肯定是后者。但是实际上，二者都对。不管怎么说，他们的喜乐都满足了。

第八章
被人恨恶但是也得帮助

《约翰福音》15章18至27节

　　"世人若恨你们，你们知道恨你们以先，已经恨我了。你们若属世界，世界必爱属自己的；只因你们不属世界，乃是我从世界中拣选了你们，所以世界就恨你们。你们要记念我从前对你们所说的话：'仆人不能大于主人。'他们若逼迫了我，也要逼迫你们；若遵守了我的话，也要遵守你们的话。但他们因我的名要向你们行这一切的事，因为他们不认识那差我来的。我若没有来教训他们，他们就没有罪；但如今他们的罪无可推诿了。恨我的，也恨我的父。我若没有在他们中间行过别人未曾行的事，他们就没有罪；但如今连我与我的父，他们也看见也恨恶了。这要应验他们律法上所写的话，说：'他们无故的恨我。'但我要从父那里差保惠师来，就是从父出来真理的圣灵，他来了，就要为我作见证。你们也要作见证，因为你们从起头就与我同在。"

阿尔弗雷德·诺思·怀特海（Alfred North Whitehead）是数学家兼哲学家。他在苏格兰参加1927至1928年的吉福德讲座（Gifford Lectures）时，曾陈述了这样一种观点："在总结欧洲哲学传统的共性时，最稳妥的说法就是，欧洲哲学传统不过是柏拉图的一系列注脚而已。"[1]他的意思是，柏拉图作品的核心主题设定了后面多个世纪的哲学探讨路线。

我们也可以套用这句话说："在总结圣经叙事的共性时，最稳妥的说法就是，圣经叙事不过是《创世记》3章15节的一系列注脚而已。"这节经文中神对引诱亚当夏娃犯罪的蛇说，"我又要叫你和女人彼此为仇；你的后裔和女人的后裔也彼此为仇。女人的后裔要伤你的头，你要伤他的脚跟"。

这两个后裔之间的冲突构成了旧约的主线。旧约叙事充满了各种冲突：该隐想毁掉亚伯；波提乏的妻子想毁掉约瑟；法老想毁掉摩西；歌利亚想毁掉大卫；巴比伦想毁掉耶路撒冷。

新约开篇就延续了这种冲突：希律想毁掉基督。这种冲突的高潮就是一个戏剧性的征服，即打败"古蛇，又叫魔鬼，也叫撒但"（启20:2）。这些并不是孤立的事件，而是女人的后裔与蛇的后裔之间的根本冲突，以戏剧方式展开时所引发的一连串事件。

这个戏剧的结局就是等候基督的再来。但是在马可楼的时候，这个戏剧就已经迎来了它的大结局。耶稣知道父已将万物交在他手中，他知道自己一定会胜过黑暗权势。但是他也知道眼下正是交战的紧要关头，而他的一个门徒却要临阵背叛。耶

121

---

[1] A. N. Whitehead, *Process and Reality* (New York: Free Press, 1978), 39.

稣递一点饼给犹大的时候，是否感到那蛇正在透过犹大盯着自己？因为当时"撒但就入了他的心"（约13:27）。

耶稣早就知道会发生这一切。刚开始服侍的时候，他说"我的时候还没有到"（约2:4，7:6、8）。但是几乎就在神迹篇即将结束的时候，有些希腊人"求见耶稣"。这也让他看到，那很久之前就已经应许的时候到了，福音要进入外邦人的世界。他回应说："现在这世界受审判，这世界的王要被赶出去。我若从地上被举起来，就要吸引万人来归我。"约翰又补充说，"耶稣这话原是指着自己将要怎样死说的"（12:30–33）。黑暗即将来临。

这也更加表明，《约翰福音》14章31节的"起来，我们走吧"可能是军事上的含义，即"朝着敌军挺进，准备交战！"

随着这场冲突展开，门徒难免也会卷入其中。因为他们是与基督联合的。他们当中的一些人可能之前就已经察觉了这一点。而这时耶稣明确地说了出来。他们之前感受到的那些潜藏在底下的震动，现在都已经浮出水面：他们将要卷入这场以基督为震中的冲突之中。因为他们都是属基督的，都要被人恨恶。但是因为他们是属他的，所以也会得到帮助。

122

这就是这部分的主题。既然门徒是与基督联合的，就像枝子连于葡萄树一样，那么他们多少也要经历基督所经历的。但是父怎样如照看葡萄树一样看顾耶稣，耶稣也要一样看顾他们。他们的主怎样经历圣灵的同在，以圣灵为他的保惠师，门徒也要照样经历这一切。除此之外，主所经历的敌对，门徒也都要经历。

这里有一个做门徒的基本原则。如果基督徒没有预见到自己会遭受敌对，就还不明白基督徒生活的本质。

我们也应当坦承，我们有时候遭到反对和批评，不是因为我们像基督，而是因为不像他。我们这些基督徒可能非常顽固，尖锐，可悲的是有时候可能和这个世界太像，以至于看起来像抵挡福音的。在这种时候，世人批评和反对我们，可能是因为我们行为愚蠢，前后不一，根本不像基督。

但是耶稣在这里着重讲的，是门徒应当想到因为自己是属于他的，因为越来越像他，而遭到反对。

"世人若恨你们……"这句话是语法学家所说的"第一类条件句"。"若"的意思不是"你们可能会被世人恨恶，也可能不被世人恨恶"，而是"既然你们要被世人恨恶"。那蛇对女人的后裔有着刻骨铭心的仇恨，这仇恨难免会波及他的门徒。

约翰在拔摩海岛上所见的异象，也是对上面这句话的戏剧性呈现。在这个异象中，《创世记》3章的那蛇变成了一条大红龙：

123　　天上现出大异象来：有一个妇人身披日头，脚踏月亮，头戴十二星的冠冕。她怀了孕，在生产的艰难中疼痛呼叫。天上又现出异象来：有一条大红龙，七头十角，七头上戴着七个冠冕。它的尾巴拖拉着天上星辰的三分之一，摔在地上。龙就站在那将要生产的妇人面前，等她生产之后，要吞吃她的孩子。妇人生了一个男孩子，是将来要用铁杖辖管万国的。她的孩子被提到神宝座那里去了。妇人就逃到旷野，在那里有神给她预备的地方，使她被养活一千二百六十天。

在天上就有了争战。米迦勒同他的使者与龙争战，龙也同它的使者去争战，并没有得胜，天上再没有它们的地方。大龙就是那古蛇，名叫魔鬼，又叫撒但，是迷惑普天下的。它被摔在地上，它的使者也一同被摔下去。我听见在天上有大声音说：“我神的救恩、能力、国度，并他基督的权柄，现在都来到了，因为那在我们神面前昼夜控告我们弟兄的，已经被摔下去了。弟兄胜过它，是因羔羊的血和自己所见证的道。他们虽至于死，也不爱惜性命。所以诸天和住在其中的，你们都快乐吧！只是地与海有祸了，因为魔鬼知道自己的时候不多，就气忿忿地下到你们那里去了。”

龙见自己被摔在地上，就逼迫那生男孩子的妇人。于是有大鹰的两个翅膀赐给妇人，叫她能飞到旷野，到自己的地方躲避那蛇，她在那里被养活一载二载半载。蛇就在妇人身后，从口中吐出水来，像河一样，要将妇人冲去。地却帮助妇人，开口吞了从龙口吐出来的水。龙向妇人发怒，去与她其余的儿女争战，这儿女就是那守神诫命，为耶稣作见证的。那时龙就站在海边的沙上。（启12:1–17）

在圣经成书的年代，龙在人们的观念中并不是英格兰的守护圣徒乔治（George）杀死的喷火怪物。那时人们心中的龙就是巨蛇，就像致命的印尼科莫多巨蜥。

根据约翰的描述，那龙"就是那古蛇，名叫魔鬼，又叫撒但"（启12:9），它因为没能毁灭女人的那位后裔，就"向妇人发怒，去与她其余的儿女争战，这儿女就是那守神诫命，为耶稣作见证的"（17节）。

125　我们可以将约翰在这里看到的异象，称为耶稣在马可楼上讲话的"电影版"。基督已经胜过了魔鬼，但是魔鬼尽管已经失败，却仍在垂死挣扎，直到最后被扔进"硫磺的火湖里"（启20:10）。那时候伊甸园要重新恢复，重拾昔日的荣耀（启21至22章）。目前那蛇虽然已经无力毁坏基督，却仍在竭力毁坏基督的朋友，也就是教会。

有时候我们仿佛很难充分认识到这一点。我们一遭到反对，就感到吃惊。教会内部出现挣扎和纷争的时候，我们会说，"我们（福音派！）教会根本不应该发生这样的事！"我们在看问题的时候完全局限于横向层面，只知责怪人。当然，我们自己可能本当受责备。然而我们也必须意识到，与基督联合并忠于基督，会招来敌人的炮火。既然我们的仇敌很久以前就已经"比田野一切的活物更狡猾"（创3:1），那么它也可能会使用一些"比较友好的炮火"。

我们真是可悲，经常被撒但欺骗，经常听信它的谎言。就像它的名字"*diabolos*"（口出恶言、控告人的）一样，它经常藏起来，让我们看不到是它在搅局。我们容易只从横向角度分析自身遇到的冲突、困难和反对。于是我们就成了这个世界的一面镜子，开始"斗殴争战"（雅4:2），相互指责，而没有看到这是因为仇敌正在动手拆毁我们的教会大家庭。

有一个网站指出了这一微妙之处。这个网站专门介绍婴儿名字的含义。"Diabolos"是一个男孩女孩都很少用的名字。这个网站准确解释了这个名字的含义，但随后却做出轻描淡写的评论：

名字"Diabolos"

"Diabolos"是"Devil"（魔鬼）的一种形式。详情参见"Devil"。

许多父母认为"Diabolos"是一个温暖、欢快的名字。

他们认为这个名字寓意着甜美、迷人，寓意着品格高尚，天资聪颖。

虽然很少有人叫这个名字，但是给孩子取这个名字很时尚，让人听了就很难忘记。[②]

"温暖，欢快。甜美，迷人……时尚的'Diabolos'。"说真的，魔鬼常常化妆成光明的天使（林后11:14）！

我们需要苏醒，警惕，认真分辨。

耶稣开始解释具体的原因。

解释

让门徒心里不再"忧愁"是非常重要的。但是与此同时，他们也需要领会并认真对待耶稣说话的逻辑："世人若恨你

[②]　"Diabolos 释义"，"Our Baby Namer"网站，2020年6月23日查看。网址：http://www.ourbabynamer.com/meaning-of-Diabolos.html。

们，你们知道恨你们以先，已经恨我了。你们若属世界，世界必爱属自己的；只因你们不属世界，乃是我从世界中拣选了你们，所以世界就恨你们。"（约15:18–19）

这个新约群体形成的第一天，门徒就已经体验到了这一点。耶稣差遣圣灵的应许（约14:16）也确实应验了（徒2:33）。已经有三千人悔改归主（徒2:41）。教会也成了一个充满活力的群体，彼此相爱，而且这爱每天都在增长（徒2:42–47）。但是耶稣在马可楼上说的话也应验了。初代教会的生活模式充满了祝福，但是他们也遭到了许多打压。福音在结出果子的同时，也一定会遭到反对。

我们看到耶路撒冷教会刚建立的时期，魔鬼似乎在反复使用三个基本策略攻击教会。

一是以逼迫威吓教会（徒3至4章）。

然而教会刚强壮胆，站立得稳。这时候魔鬼开始使用第二个策略：激动人，让人野心勃勃地寻求自己的名声，就像亚拿尼亚和撒非喇那样，想透过行骗得到好名声（徒5:1–11）。

但是教会坚持按公义行事，从而化解了魔鬼的第二个策略。于是那蛇开始在教会实际的怜悯事工上制造分裂（徒6:1–7），但是教会也用合宜的智慧解决了。最终撒但的三次进攻都失败了。于是它干脆重新尝试第一种策略，即逼迫教会，却不曾想这将导致大数的扫罗悔改归主（徒7至9章）。

我们不能任凭自己被撒但愚弄。这里有一个原则就是"有备无患"。如果我们读了《使徒行传》的这些内容，就不会再让"撒但趁着机会胜过我们，因我们并非不晓得它的诡计"（林后2:11）。只要我们还生活在这个世界上，基督徒的生命或教会共同体的生命就难免会遭到反对和抵挡。

为什么难免？

因为"你们不属这世界"（约15:9）。

这是否只是一种敬虔的说法？不是的，因为这很像耶稣说的话。我们不属这世界，而是属于基督里新造的人，我们所处的现实也与过去完全不一样（林后5:17）。耶稣乃是在呼召我们要认清自己是谁，明白自己的新身份。

128

我们或者我们的教会越像这个世界，就会越受这个世界爱戴，或者至少会被这个世界所包容，在世界眼中不那么有害。但是那样的话我们也会失去自己的真实身份，很难影响这个世界。

耶稣在告诉门徒，他们和我们都不应当期待这个世界爱自己。基督徒属于"新的族类"或"第三族类"③，从古代就受到逼迫，无论是外邦人还是犹太人都不欢迎基督徒。与这个世界不一样的人会被这个世界定罪。但是这个世界将要因为他们被"搅乱"（徒17:6），或者更确切地说，这个世界将要因他们而朝正确的方向发展。

你是否曾经想过，也许福音最难被人接受的一点就是我们跟随的是一位钉十字架的救主？主说我们若不背起自己的十字架跟从他，就不配做他的门徒。他说这话是认真的。耶稣此处就在强调其中的原因：世界上的人已经将他钉十字架。他们这么做，部分原因就是耶稣的生活和话语让他们感到被定罪。

---

③ 这种表达和类似的表达见于公元前几个世纪早期教父的作品。*The Epistle to Diognetus*, 1; Clement of Alexandria, *Stromateis*, 6.5.39.

他们心中的罪疚则进一步激发了这种敌意。这往往就像耶稣所暗示的："我若没有来教训他们，他们就没有罪；但如今他们的罪无可推诿了。"（约15:22）他们因为耶稣的出现而感到被定罪。

然而，也正是借着他们的逼迫，那位后裔才结出果子（约12:24）。如果主人尚且如此，仆人岂不同样如此（约15:20）。

想一想在这个世界上的一些地方，只要成为基督徒，就立刻会被当作不属于"这个世界"的人，并因此遭受逼迫，尽管这些受逼迫的人通常是最好的市民。然而福音往往也会在这种地方结出果子。为什么？很大程度上是因为这里的基督徒变成了主的样式。

所以初代教会那些背着自己十字架的门徒，才因"配"为耶稣的名受苦而欢喜（徒5:41）。马可楼上的这些人事后回想起这段时光时，必定心怀感激，因为听了耶稣的警告："你们要记念我从前对你们所说的话：'仆人不能大于主人。'"（约15:20）

我们需要深深反思一下耶稣在这里所用的三段论：

既然	仆人不能大于主人
而	我是你们的主人
而且	他们逼迫我
所以	他们也要逼迫你们

这就是门徒遭到反对的原因。如果是这样，他们如何才能

得到帮助呢？

摘掉面具

耶稣这时采取了非常重要的一步。他摘掉了反对的面具。

我们的信仰所遭受的反对，往往看似太过巨大，太过猛烈，太过顽固，太难以面对。反对力量想达到的目的，就是让我们觉得渺小、软弱、胆怯。胆怯是撒但用来拦阻基督徒作见证的一个有力武器。我们多数人都容易胆怯退缩。

但是耶稣告诉门徒："我希望你们看到，真实情况并非如此。你们的眼镜需要换上新的镜片，这样你们才能看到神的国度是何等伟大，神的国度终必得胜。"

还记得以利沙如何祷告吗？有一天早上他的仆人出去，发 **130** 现他们所在的多坍已经被叙利亚大军围困：

> 神人的仆人清早起来出去，看见车马军兵围困了城。仆人对神人说："哀哉！我主啊，我们怎样行才好呢？"神人说："不要惧怕！与我们同在的，比与他们同在的更多。"以利沙祷告说："耶和华啊，求你开这少年人的眼目，使他能看见。"耶和华开他的眼目，他就看见满山有火车火马围绕以利沙。（王下6:15–17）

耶稣开了门徒的眼睛，帮助他们看得更清楚。他实际上在说："看看这些人！看看他们。你们需要明白他们到底是谁。看他们的时候，不要忘记这个背景：神是多么伟大，我的复活是何等大有能力，我的国度必然不断拓展，而且他们用来伤害你们、毁坏你们的一切，我都要用来建造我的教会。你们如果看到这一点，他们在你们眼中就会变得微不足道！"

首要原则

我们需要学会根据首要原则来看待自己的生命。耶稣将门徒的注意力引到三个首要原则上：

首要原则一：神是我们的父

首先，耶稣告诉门徒，逼迫他们的人不认识父，"他们因我的名要向你们行这一切的事，因为他们不认识那差我来的"（约15:21）。这两者有什么关系呢？

受到别人的反对加上心中胆怯，会让我自觉渺小，被边缘化，感到孤单。但是我也有一个巨大的特权：我是天父的孩子。麻雀几乎卖不上什么价钱，但是神依然没有忘却一只麻雀。在神的眼中，我比许多麻雀还要贵重得多（路12:6-7）！我不需要惧怕。他会温柔地看顾我，保守我。

正如《海德堡要理问答》（Heidelberg Catechism）所确认的，"无论是生是死"，这是我唯一的安慰：

> 我无论是生是死，
>
> 身体灵魂皆非己有，
>
> 而是属于我信实的救主耶稣基督。
>
> 他用宝血完全补偿了我一切的罪债，
>
> 并且救我脱离了魔鬼一切的权势；

因此，他保守我，

若非天父允许，

我的头发一根也不会掉下；

他叫万事互相效力，使我得救。

故此，他藉圣灵

也使我有永生的确据，

并且使我从此以后

甘心乐意地

为他而活。（第一问）

我真是安稳无比！

现在我觉得那些反对我信仰的人不再是巨人，而是需要可怜的人，他们根本不晓得神在福音中的恩典。与天父比起来，他们渺小无比，微不足道。他们在我身上所做的一切，都会被神使用，带给我终极益处，否则神就不会任凭他们去做。

132

我想到了小时候的一段经历。当时我们这些小男孩经常在街上踢足球。有一位小伙伴的父亲是苏格兰专业足球队的队员。有时候他下班早，正好碰到我们在踢球，就会加入比分落后的一方！而一旦他加入进来，如你所知，不管你们队落后多少分，最终都一定会赢！没有哪一方能踢得过我朋友的父亲！

耶稣基督是"无限威严的天父"④的儿子，他的朋友也要如此。神是我们的父，我们现在是他的儿女，他必不撇下我们

---

④ 这种表达出自公元五世纪的拉丁文赞美诗《赞美颂》（*Te Deum lauda-mus*）。

为孤儿！这让我们感到平安和稳妥。想毁灭他儿女信心和果子的人，根本没有意识到，他们为了伤害他儿女所做的一切，都会被天父用来造就他的儿女：

> 凡为攻击你造成的器械，必不利用；
>
> 凡在审判时兴起用舌攻击你的，
>
> 你必定他为有罪。
>
> 这是耶和华仆人的产业，
>
> 是他们从我所得的义。这是耶和华说的。
>
> （赛54:17）

首要原则二：神的审判

耶稣补充说："我若没有来教训他们（反对他的人），他们就没有罪；但如今他们的罪无可推诿了。恨我的，也恨我的父。我若没有在他们中间行过别人未曾行的事，他们就没有罪；但如今连我与我的父，他们也看见也恨恶了。"（约15:22–24）

一切让人胆怯的"巨人"都要面对天上之神的公义审判。定他们罪的证据要呈到法庭上。这些证据就包括他们回应主耶稣的话语和作为的方式，还有回应门徒的方式。

耶稣说，他若没有来教训这些人或者没有在这些人中间彰显他的作为，他们"就没有罪"（22、24节），这是什么意思？耶稣在这里使用的是法庭用语。在他们的案子里，耶稣对自己的启示以及他们对这启示的拒绝，就足以作为"定他们罪"的证据。基督的恩典一显出来，就会暴露他们的罪行。

133

太阳一照射出来，花儿就会开放，散发出甜美的香味。但是污水也会在太阳的照射下，散发出有毒的恶臭。基督是公义的日头，他的光照出来的时候，也会产生同样的属灵效果：门徒会结出圣灵的果子，而其他的听众则会越发心硬，越发抵挡神。

保罗的观点也呼应了这种说法。他提到对福音的反对"正是神公义判断的明证"（帖后1:5），也提到基督徒面对逼迫的人时心中依然安稳，"是证明他们（迫害者）沉沦"（腓1:28）。

"因为我们众人必要在基督台前显露出来。"（林后5:10）门徒必须学会从将来的视角看待他们当前的经历。这样就可以恰当看待那些表面庞大的事物，击穿人的骄傲。这样遭受逼迫就有了不一样的含义："所以，我们不丧胆……我们这至暂至轻的苦楚，要为我们成就极重无比永远的荣耀。原来我们不是顾念所见的，乃是顾念所不见的；因为所见的是暂时的，所不见的是永远的。"（林后4:16–18）

正是有了这样的视角，殉道者司提反因他的见证而遭受强烈反对时，心中仍然安稳："我看见天开了，人子站在神的右边。"（徒7:56）

所以我们必须认识到，当那让人胆怯的"巨人"威胁我们的时候，我们就可以越过他，看到这位巨人后面基督审判台的影子。在这个视角下，巨人就会成为一个侏儒。那些巨人现在所走的道路是通往永远的灭亡。

这就引出了第三个"首要原则"，我们在遭受反对时，心中仍有保障。

首要原则三：不要觉得奇怪

如果说首要原则一就是我们认识父，逼迫教会的人却不认识他；首要原则二是基督的仇敌要受审判；那么首要原则三就是门徒遭到反对的时候，能够说出"我并不觉得奇怪，我知道你们会这么做"。

我们会遇到反对，这一点也不奇怪。没错，一些人可能会逼迫我们，让我们始料不及。但是不管逼迫我们的是谁，我们都不应当因为逼迫本身而惊讶。为什么呢？耶稣解释说：如果他遭到反对，那些信靠跟随他的人肯定也要遭到反对。

明白这个原则可以让我们大得力量。这样当我们遇到撒但的试探，经历非基督徒的反对，或者在教会中碰到一心想高举自己、所作所为已经威胁到团契的人时，我们就可以有完全不同的反应。我们就能够说："我不知道反对会从何而来。我根本无法准确预测具体的反对形式。但是我知道一定会遭到反对。我心里已经有数。我不会因为遭到反对就感到吃惊，我已经有心理准备了。"

如果是这样，我们遭到反对的时候就不会觉得痛苦。我们就不会双手紧紧地握在一起说："究竟哪里出问题了？这样的事根本不该发生在我身上，根本不该发生在我们教会中！"我们也不会幼稚地想："他们为何反对我这样的人？我只是在努力过正常的基督徒生活。我从来没有伤害过他们！"我们不会这样。我们已经提前预料到了这一切。我们并不觉得奇怪。我们不会因此而痛苦，因为我们知道主耶稣不会因为别人反对他就痛苦，也不会因为别人反对我们就痛苦。我们只需要记得，一切的反对最终都是关乎基督的，与我们无关，这样我们就会

135

大有平安。我们就能够说："主啊，这事和你有关。我知道你可以处理好。"

我们如果这样做，就轮到基督的仇敌惊讶了！他们经常威吓别人，自然以为只要敌挡我们，就可以将我们打败，轻易让我们崩溃。他们自认为比基督徒更聪明，辩论的时候更有能力，更"现代"，更"文明"。当然，他们往往非常善于诱导我们，让我们自认为渺小，觉得自己微不足道。但是既然他们不信基督，就无法测度福音的大能，也无法体会保惠师的同在。他们不知道"基督徒为什么这样"。他们根本不了解那位经历过敌人各种卑劣反对手段的约翰·班扬（John Bunyan），所说出的这个原则：

> 卑贱的人啊，不必害怕跌跤，
> 低微的人啊，从不自夸骄傲，
> 谦卑的人啊，永远得到祝福，
> 因为有上帝的圣光在前引导。⑤

136

我们是天父的孩子。我们有一位伟大的神保护我们。主耶稣已经告诉我们会遭遇反对。我们知道这反对最终不是针对我

---

⑤　约翰·班扬（John Bunyan），《天路历程》（*The Pilgrim's Progress*），王汉川译，山东画报出版社，2002年2月，第361页。这些话出自牧童所唱的歌，女基督徒也就是基督徒的妻子，和其他天旅客走到屈辱谷的时候，听到牧童在唱这首歌。那个牧童"虽然穿着破旧的衣服，但是活泼可爱，神采飞扬。"神勇问道："你们听见他唱的歌了吗？我敢说，由于这个孩子的怀中揣着一种叫做'心安理得'的药草，所以他的生活会比那些纨绔子弟幸福得多。"

们的，而是针对他的。所以我们和司提反一样，受到逼迫的时候就不再胆怯，能够开口祷告说，"主啊，不要将这罪归于他们"（徒7:60）。

我们也应当注意这部分最后强调的一点。

见证

《约翰福音》15章的结尾初看似乎非常突兀，因为耶稣又一次提到了圣灵，而15章从开头到现在并没有提到过圣灵。耶稣之前提到圣灵是门徒的 "*paraklētos*" 或 "保惠师"（14:16、26）。这时耶稣又回到这个主题上，进一步讲解圣灵："但我要从父那里差保惠师来，就是从父出来真理的圣灵，他来了，就要为我作见证。你们也要作见证，因为你们从起头就与我同在。"（约15:26–27）

耶稣的话是什么意思？要点非常清楚：

保惠师要来，也要为基督作见证。

门徒也要为基督作见证。

这些话与耶稣此前论到圣灵时所说的一样，都属于应许和预言。这些话都已经在五旬节应验了。使徒们也为基督作了见证（徒2:4）。彼得更是详细为基督作了见证（14–36节）。

137 但是他们的见证为何如此有果效，以至于当天竟然就有三千人归主？这不是因为彼得的神学合乎圣经，虽然彼得肯定从耶稣"复活之后的特别讲道"（徒1:3）中学到了很多。也不是因为彼得大有口才，虽然彼得作为一个"没有学问的小民"（徒4:13），他的讲道肯定有福音赋予的真口才。这乃是出于圣灵。圣灵透过门徒的见证，来为耶稣作见证。

请留意耶稣说话的时候是如何进行平行对照的。

门徒作见证。

他们的见证为何权威可信？

因为他们"从起头"就和耶稣在一起。

实际上，他们是耶稣最亲近的"朋友"（约15:15）。

因此，他们每个人都有资格成为耶稣的"*paraklētos*"！

但是并非只有他们从起头就与耶稣在一起。

还有圣灵"为我作见证"（约15:26）。

圣灵的见证为何权威可信？

因为圣灵也"从起头"就和耶稣在一起。

实际上，他是耶稣最亲近的"朋友"。

因此，他有资格成为耶稣的"*paraklētos*"。

实际上，圣灵与主耶稣同在的时间，要比门徒与主耶稣同在的时间长多了。对圣灵而言，"起头"的那个时间，要远远早于门徒"起头"认识耶稣的时间。耶稣还在母腹中的时候，圣灵就已经与他同在。但是这个"起头"还可以进一步追溯到马利亚受孕的时候。因为耶稣要"从父那里差来的"圣灵，是"从父出来"（15:26）为他作见证的。而这是在永恒当中发生的！

请留意"差"和"出来"这两个动词的区别。

差是将要在五旬节那一天发生的。

138

而出来是过去发生的。

历世历代最优秀的解经家都认为，这里的出来不仅是指圣灵和父之间的经纶关系，即圣灵进到了历史中；也指圣灵和父之间的**本体**关系，即他们拥有永恒的关系，圣灵在永恒中从父**而出**。

耶稣在指引门徒回到"时间还不存在的时候"。在这个危机四伏的夜晚，耶稣揭开了三一真神奥秘的面纱。他告诉门徒，他们在他里面就可以认识父，因为子一直与父面对面，而圣灵也是从父而出。此外，耶稣也在宣告说，他要从父那里差遣圣灵到他们这里来。只有圣子才能做到这一点，人根本没有权柄差遣神！

你还在跟随耶稣吗？

如果说圣经中有哪节经文能够说服我们，让我们看到三位一体的教义是何等重要，那一定就是这几节经文了。我们往往觉得三位一体的教义，是所有基督教教义中最缺乏凭据也最不实用的教义。但事实恰好相反。否则，耶稣为什么在危机四伏的时刻教导这些内容？实际上，我们如果能理解三位一体的含义，就会发现三位一体是所有圣经真理中最根本、最实际的教义。

耶稣在这个黑暗时刻，为门徒抛下了一个坚固的锚，让他们认识到神存有的核心。他仿佛在说："朋友们，我知道你们会遇到激烈的反对。但是你们心里不要忧愁。要信靠我。不论如何，都要为我作见证。你们要警醒，预备受逼迫，甚至被人仇恨。但是千万不要以为仇敌的资源比你们还多。要坚持为我作见证。你们并不孤单，保惠师与你们同在，他要来住在你们里面。要记住：他和你们一样，从我侍奉的起头就一直与我同在。但是和你们不同的是，他与我同在的时间更久，也就是还没有起头的时候，我'太初''在父怀里'（约1:1、18）的时

139

候，'起初神'（创1:1）造万物之前，他就已经与我同在了。"

借用C. S. 路易斯的话来说就是，门徒获得了"远古时代的高深魔法"。⑥当保惠师到他们这里来的时候，他们就会得到属天的资源，并被锚定在三一真神身上。人类一切的反对在神面前都微不足道。

所以这些年轻人不仅不会被吓倒、压垮，还会刚强壮胆。他们将被差往"万邦"作见证（路24:47-48）。透过新约其余部分我们可以看到，门徒确实这样做了。而透过教会的传统，我们也看到门徒愿意为救主舍命。

不久他们就将看到耶稣的应许要应验在一个同工司提反的身上。司提反并没有和他们一起待在马可楼上，但是他也为主殉道。虽然司提反的死看似是一种失败，但是借此另外一个年轻人将要向万邦为基督作见证，当日那些谋杀司提反的人就是将衣服放在了这个年轻人的脚边。

因此，大数的扫罗归信之后，为基督作的见证也到了一个新阶段，这也清楚表明耶稣在马可楼上的应许将继续应验，直到末后的日子。在继续往下讲之前，我们应该停下来，反思一下我们忽视的一项特权，并为此感恩。在读《约翰福音》的时候，我们正在经历耶稣的应许，即"从父出来真理的圣灵，他来了，就要为我作见证。你们也要作见证……"

这本身就是耶稣给使徒们的应许，即他们要从圣灵得着能力，为基督作终极的见证，也就是新约，并将这显给以后各个

140

---

⑥　这是C. S. 路易斯（C. S. Lewis）的著作《狮子、女巫与魔衣橱》（*The Lion, the Witch, and the Wardrobe*，London: Geoffrey Bles, 1950及其他版本）第十三章的标题。

世代的教会看。这就是使徒们与圣灵一起做的崇高见证。他们从起头就与基督同在——使徒们在耶稣刚开始侍奉时就与他同在，而圣灵在耶稣生命的起头就与他同在。我们完全可以信赖他们的话。

现在回过头来看《约翰福音》13至15章，我们确实非常感恩耶稣给出的教导。但是耶稣还有更多教导。

只是，耶稣为什么这个时候才在马可楼将这一切指教使徒呢？我们下一章开篇就会回答这个问题。

第九章

为什么？为什么？为什么？

《约翰福音》16章1至16节

"我已将这些事告诉你们，使你们不至于跌倒。人要把你们赶出会堂，并且时候将到，凡杀你们的就以为是侍奉神。他们这样行，是因未曾认识父，也未曾认识我。我将这事告诉你们，是叫你们到了时候，可以想起我对你们说过了。

"我起先没有将这事告诉你们，因为我与你们同在。现今我往差我来的父那里去，你们中间并没有人问我：'你往哪里去？'只因我将这事告诉你们，你们就满心忧愁。然而，我将真情告诉你们，我去是与你们有益的。我若不去，保惠师就不到你们这里来；我若去，就差他来。他既来了，就要叫世人为罪、为义、为审判，自己责备自己。为罪，是因他们不信我；为义，是因我往父那里去，你们就不再见我；为审判，是因这世界的王受了审判。

"我还有好些事要告诉你们，但你们现在担当不了。只等真理的圣灵来了，他要引导你们明白一切的真理；因为他不是凭自己说的，乃是把他所听见的都说出来，并要把将来的事告诉你们。他要荣耀我，因为他要将受于我的告诉你们。凡父所有的，都是我的；所以我说，他要将受于我的告诉你们。

"等不多时，你们就不得见我；再等不多时，你们还要见我。"

也许那一刻的马可楼上，时间仿佛凝滞了。门徒盯着耶稣挨个洗他们的脚时，肯定觉得时间慢了下来。除了彼得一开始的情感大爆发之外，整个房间或许一直笼罩着一种让人尴尬的气氛。

耶稣到底需要来回跑多少趟，去水缸里舀干净的水给门徒洗脚呢？除了和彼得的那番交谈之外，他有没有说过其他话？还是根本就没有再说话？这些细节约翰都没有提，他给我们留出了想象的空间。这些细节再有意思，对我们来说都没有那么重要。真正重要的只有两件事：耶稣所做的，也就是洗门徒的脚，以及将一点饼递给犹大，让犹大离开；还有耶稣所说的。

143　　主的教导就像他洗门徒的脚一样，都是针对他们个人的，而且非常亲密，满有恩典。这整个晚上就是一个洁净的晚上。他用水浇在门徒的脚上，将他们的脚洗干净。他又用道浇在门徒心里，将他们的生命洗干净（约15:3）。

我们刚刚默想了洁净这个词非常重要的一部分含义。耶稣的做法可能让我们奇怪，他选择了在这个时刻讲论三位一体。

因为这个讲论，耶稣接下来说的话让门徒感到不可思议："我还有好些事要告诉你们，但你们现在担当不了。"（约

16:12）

真的吗？他刚刚讲了神学家所说的本体的三位一体和经纶的三位一体！他还会说什么呢？如果这时有哪个门徒插嘴说道，"主啊，我的大脑已经装不下了！"你肯定也会同情他。

耶稣的教导还没有结束。但是就目前（"现在"）而言，他所说的已经到了他们理解力的极限。之后当圣灵接替主耶稣继续教导他们的时候，他们还要学习更多的内容。"后来必明白。"（约13:7）

耶稣是一位智慧而又节制的老师，他在这里的做法可以教给我们很多东西。

有的人喜欢教导。有的人热爱学习，希望从事教导。但是这两样事情本身，都无法赋予我们在教会中教导的资格。我们还需要一样：那就是爱别人，出于爱而愿意用我们的教导恩赐服侍别人。毕竟基督给我们恩赐不是为了我们自己，而是为着别人。

如果没有对别人的爱，我们的教导就容易沦为一种自我满足的工具，只不过披上了服侍的外衣而已。你的教导或许可以让人学到东西、告诉别人怎么做，甚至你可以教得很好，但是这种教导缺了一样东西，即属灵的滋养，这是耶稣和使徒的教导鲜明的标志。如果要使人得到滋养，教导的人就要像耶稣一样跪在神面前，他展露出来的性情就仿佛在说："主爱你，他给了我一样东西让我也传给你，因为我也爱你，渴望服侍你。"

使徒保罗看到了这一点。他对此的反思表现为三句有力的宣告："我们原不是传自己，乃是传耶稣基督为主，并且自己

144

因耶稣作你们的仆人"（林后4:5）；"我们既是这样爱你们，不但愿意将神的福音给你们，连自己的性命也愿意给你们，因你们是我们所疼爱的"（帖前2:8）；"但命令的总归就是爱"（提前1:5）。

这一精神的源头是耶稣的话："我还有好些事要告诉你们，但你们现在担当不了。"（约16:12）这番话蕴含了耶稣对门徒的爱与忍耐。

正是在这种背景下，耶稣开始回答门徒想说而没有说出来的问题。他好像知道他们的心思。耶稣能做到这一点，是因为他洞悉一切。

如果想给别人提供属灵建议，就一定要有悟性。这不仅仅指能够明白别人所说的内容以及提出的问题，还包括了解说话之人，并且明辨"隐藏在问题背后的问题"。耶稣不仅回答了问题，也回应了提出问题的人。正如约翰告诉我们的，"也用不着谁见证人怎样，因为他知道人心里所存的"（约2:25）。

人越明白圣经，越经历神的道路，灵里越敏感，就越有悟性。我们看到在耶稣纯全的人性当中，这种知识、悟性和敏感达到了一种完美的平衡。耶稣在这里存着极大的耐心，认真而又非常慈爱地回答了门徒的问题。也许门徒不好意思提出这些问题，也许他们甚至都描述不清这些问题。

这也完全能够理解。耶稣在穷尽他们的悟性（毕竟他也刚刚穷尽了我们的悟性，让我们去体会他所说的三位一体的关系）。所以耶稣回答了三个问题：

耶稣，你为什么告诉我们这一点？

耶稣，你为什么选择现在告诉我们？

耶稣，你为什么说自己要离开我们了？

为什么告诉我们这一点？

第一个问题我们马上就可以回答："我已将这些事告诉你们，使你们不至于跌倒。"（约16:1）

主的教导有着多重目的，所以他对神话语的侍奉也在不同层面展开，并会产生不同的果效。

我们之前了解到其中一个果效就是喜乐："这些事我已经对你们说了，是要叫我的喜乐存在你们心里，并叫你们的喜乐得以满足。"（约15:11）耶稣现在的教导是对之前这个教导的平衡，他这时强调了为什么要教导门徒即将受苦，以及他们将得到从圣灵而来的帮助。这是为了防止门徒"跌倒"，免得他们像刚才的犹大那样离弃他。这样就可以提前警告他们即将到来的危险，并装备他们去面对这危险。因为门徒很快就会发现会堂对他们充满敌意，百姓也觉得逼迫甚至是杀害他们就是义举，甚至反常地认为这样对待他们就是在服侍神（约16:1–2）。

请留意耶稣所说的内容：他在解释其中的原因。门徒需要在悟性上成长。他们将要看到和感受到的是一回事。但是他们需要看穿表象："他们这样行，是因未曾认识父，也未曾认识我。"（约16:3）

这是一个重要的功课。耶稣等于在说："你们会遭受逼迫，但从根源上来看这逼迫不是针对你们的！"

只要明白了这一点，哪怕逼迫的痛苦还在，它毒钩中的毒素也都已经被除掉了。我们就能说出："主啊，这的确是针对你的，不是针对我的。所以我将这重担交在你手中。你能背得

146

动这重担，也能背得动我！"这样我们心中就会有安稳。

耶稣也提前给了他们一个警告："我将这事告诉你们，是叫你们到了时候（即黑暗的国度来临时），就可以想起我对你们说过了。"（约16:4）

我们之前也听过这样的说法，叫有备无患。敌军前来进攻的时候，我们因为提前得到了消息，就不至于惊慌失措，也不会被打个措手不及。我们就可以说："我知道你们一定会来，虽然不确定你们会从哪个方向进攻。"我们不会被打得落花流水。耶稣提前警告了我们，免得我们跌倒。这对我们来说也是一种保护。

但是耶稣为了安慰门徒而说的"这些事"到底是什么事呢？

一、"你们心里不要忧愁"（约14:1、27）。你们完全有理由不去忧愁。"你们信神（信靠他），也当信我（也当信靠我）。"（约14:1）

二、"我要求父，父就另外赐给你们一位保惠师，叫他永远与你们同在。"（约14:16）他要作你们的顾问，赐你们智慧。他要与你们同在，将当说的话赐给你们："他来了，就要为我作见证。你们也要作见证。"（约15:26–27）

147　　我们要停下来，再次强调这里所阐明的原则。耶稣的话指明了门徒当有的改变，门徒也因耶稣的话反生了真实的改变。我们再次看到基督的话在生发效用，它能够成就它所吩咐的。我们的任务就是为基督的话语腾出地方。如果他的话住在我们里面，我们就有了可以依靠的资源。就等于在我们里面筑起了一道防御工事，可以抵挡敌人的一切反对。我们要在悟性上成长，才能看清这反对背后的真相，我们也要领受所需要的智慧，才能应对敌人的反对。

所以耶稣才将他的话语倾倒在门徒的头脑和心中。耶稣乃是在为他们提供资源，保护他们不至跌倒。

但是耶稣为什么选择现在说出这一切呢？

为什么现在告诉我们？

你可以想象门徒的感受："耶稣，你之前为什么不告诉我们这一点呢？"

耶稣回答说："我将这事告诉你们，是叫你们到了时候可以想起我对你们说过了。我起先没有将这事告诉你们，因为我与你们同在。"（约16:4）

或许你也知道将坏消息告诉心爱之人是什么感受。你会为他们心碎。你想保护他们，你可以感受到他们心里是多么悲伤。如果可能，你宁愿自己替他们承受这一切。但是你知道不得不将坏消息告诉对方。

耶稣已经独自背负重担很多年，但是这时候十字架已经摆在眼前。他几次告诉门徒那摆在他和门徒前面的挑战，但是他也一直在尽量保护门徒。他比门徒更清楚他们是何等脆弱。他们仍然无法承受这压力。

这就是他一拖再拖，迟迟没有和盘托出的原因。这么做不 **148**
是为了他自己，而是为了门徒，他想保护他们。他也能做到这一点，因为他之前一直与他们同在（约16:4b）。但这时他要离开他们了，门徒也需要多了解一些真相。

若是门徒以为他们明了将来的状况，就可以活出一种不同的生命，那将是一种自欺。他们已经知道了很多，他们这时候又知道了更多，但是这对他们的影响微乎其微。他们可能没有意识到耶稣对他们的保护到了什么程度，或者根本就没有意识到他们需要耶稣的保护。有时候彼得似乎还以为自己可以保护耶稣！

我们看到耶稣一力承担了在他侍奉末期摆在面前的巨大压力，又保护门徒不让他们背负无力承担的担子。耶稣的做法必定让我们钦佩。正如以赛亚所说："他必像牧人牧养自己的羊群，用膀臂聚集羊羔抱在怀中，慢慢引导那乳养小羊的。"（赛40:11）

孩子小的时候，我们会抱着他们。但是到了一定年龄，他们也需要学会走路。有的孩子可能会撒泼打滚，不愿意自己走，只想让父母抱着。但是他们必须学会走路。此处经文也一样。门徒需要学习耶稣不在身边引导和保护他们时，独自在一条充满危险的道路上前行。耶稣将透过圣灵这个位格与门徒同在，但是门徒也需要信靠他。门徒有需要的时候，会得到从他而来足够的恩典。但是明天的恩典不会今天提前临到。

这就是"你之前为什么不告诉我们"这个问题的答案。一天的难处一天当，神的恩典每天都够我们用。这就是信心的生活。

149 为什么现在离开？

第三个问题跟着来了："耶稣，如果我们要遭遇这一切，你为什么现在要离开我们呢？"

这时耶稣将从前教导过门徒，而门徒没能领会的内容，更直白地告诉了他们："我将真情告诉你们，我去是与你们有益的。我若不去，保惠师就不会到你们这里来；我若去，就差他

来。"（约16:7）

这些话听起来真是有悖常理！他怎么能一边说门徒即将面临危险，一边又离开他们？这怎么可能与他们有益？

我们已经看到了，答案就是，只有耶稣完成了他的工作，升到天上的宝座上，才能差遣圣灵到他们这里来。我们或许可以这样看：只有耶稣成了我们所需要的那位"完全的"救主，他才能将圣灵所需要的装备赐给他，让圣灵去翻转他的门徒，使门徒有他的样式。

但是圣灵的到来将对门徒有益，还可以从一个比较隐含的方面体现出来："他既来了，就要叫世人为罪、为义、为审判，自己责备自己。为罪，是因他们不信我；为义，是因我往父那里去，你们就不再见我；为审判，是因这世界的王受了审判。"（约16:8–11）

指证世人的圣灵

我们往往以为这些话是一般性的应许，就直接将这些话应用在当下。这些话当然可以应用在现代。但是再说一遍，我们需要克制自己的冲动，不能直接跳过二十个世纪的时间长河，直接从耶稣的时代来到现今的世代。因为首先耶稣的话包含了一个特定的预言。耶稣说完这番话之后几个星期，也就是五旬节那一天彼得讲完道，门徒就会看到这些话得到应验。

实际上，五旬节那一天发生的一切，一字不差地应验了耶稣的预言：

一、五旬节那天，圣灵指证了"世人"（约16:8）。约翰所用的"世人"一词，有一个细微的含义差别，它"不仅是指

150

犹太人，也包括外邦世界的人"，就像那些聚在耶路撒冷的人一样：那时，有"从天下各国来"的人，听见门徒用他们各自的家乡话传福音，就是"帕提亚人、玛代人、以拦人，和住在美索不达米亚、犹太、加帕多家、本都、亚细亚、弗吕家、旁非利亚、埃及的人，并靠近古利奈的利比亚一带地方的人，从罗马来的客旅……克里特和阿拉伯人"（徒2:5–11）。

二、五旬节那一天圣灵"为罪（指证世人），是因他们不信我"（约16:9）。耶稣不是说人因为不信他才成了罪人。他乃是说，五旬节那一天他们因为不信他，他们的罪疚将会变得更加明显。圣灵既会充当耶稣的辩护律师，也会充当罪人的公诉律师，让他们无可辩驳。

彼得在五旬节那天的讲道有一个大胆的指向。他指控听众，"你们……把他钉在十字架上杀了"（徒2:23）。他们拒不相信他，定他的罪，将他当作有罪的囚犯，钉他十字架。但是神已经宣布了他对耶稣的最终判决，因为他"却将死的痛苦解释了，叫他复活"（24节）。这就显出了他们的罪。他们都是罪人，他们已经拒绝了神所差来的弥赛亚。他们被指证，看到了自己不信的罪，"众人听见这话，觉得扎心，就对彼得和其余的使徒说：'弟兄们，我们当怎样行？'彼得说：'你们各人要悔改……'"（37–38节）这也难怪。

三、五旬节那天，圣灵"为义（指证世人），是因我往父那里去，你们就不再见到我"（约16:10）。为什么耶稣到父那里去，圣灵就要为义指证世人？圣灵是指证世人没有义吗？可能从某种程度上来说是这样。但是这里面还牵涉到了更多内容。圣灵指证他们，是因为耶稣所做的一件事，即他"往父那里去"，也就是他受死、埋葬、复活、升天（参见约14:12、28，16:28）。

在整卷《约翰福音》中，耶稣一直在围观的世人面前受审。约翰已经提出了好几个证据为耶稣辩护：井旁的撒玛利亚妇人（4章），毕士大池边的瘫子（5章），生来瞎眼的人（9章），拉撒路（11章）等人。他们用不同的方式，见证耶稣真实的身份和他的义。然而，审判耶稣的人在"审判"过程中，罔顾这一切证据。由犹大、亚那、该亚法、希律、罗马兵丁、那些暴徒和本丢彼拉多交出去的那一位，仍被宣告"有罪"。

但是这时圣灵在为耶稣作见证。耶稣的复活和升天表明他就像圣灵所见证的一样是无罪的（正如保罗在罗1:4和提前3:16所提到的）。这证明了基督的义。神透过耶稣的复活，又透过圣灵的浇灌，宣告耶稣就是那义者！钉他十字架的人都做错了。圣灵借着显明基督的义，就指证了他们的不义。

四、五旬节那天，圣灵"为审判（指证世人），是因这世界的王受了审判"（约16:11）。许多聚在耶路撒冷的人之前藐视耶稣的宣告，不相信神已经将一切的审判都交在他手中（约5:22）。但是在十字架上，"这世界的王"要受审判，正如耶稣所应许的："现在这世界受审判，这世界的王要被赶出去。"（12:31；参见西2:15–16）处心积虑要构陷基督、将基督定罪之人，这时将要受到审判，被定罪。凡同他一道抵挡救主的，也都要遭受同样的命运！他们的处境绝望！

那些现在已被指证、被定罪的人，还有盼望吗？

有，因为圣灵指证世人的目的是让人归向神。如果那些被圣灵指证的人悔改相信基督，他们就可以接受洗礼，这标志着

152

他们的罪已经被洗净，他们也已经被接纳进入神的家。这样他们就可以得蒙饶恕，领受新的生命！

这一切都将在五旬节那天与门徒"有益"。门徒的人数将一夜之间从120人（徒1:15）暴涨到3120人（2:41）！这几乎正应验了耶稣在撒种的比喻中"结实三十倍"的应许。他们很快还将见证"六十倍"和"百倍"的应许应验在他们身上（太13:8；参见徒2:41、47，5:14，6:1、7）。

但是圣灵降临之后门徒还要领受更大的益处。

153 光照世人的圣灵

这些人虽然是使徒，仍有许多事需要学习，耶稣仍有许多事要教导他们（约16:12）。

他也可能一直在考虑复活之后，也就是复活节到五旬节那四十天，要召开一次研讨会，将更多关乎"神国的事"讲给他们听。但是对于这四十天，约翰只提到了耶稣在复活节主日的显现，以及他如何重新建立彼得（约20至21章）。

耶稣似乎也在思想别的事情，他后面说的话也证实了这一点："只等真理的圣灵来了，他要引导你们明白一切的真理。"（约16:13）

我们要再次留心，不能直接从马可楼跳到自己家的客厅！耶稣不是在对我们讲话，而是在对使徒说话。要明白这些话的意思，我们必须先问一问，对使徒来说这个应许是如何应验的？只有解答了这个问题，我们才可以问，这应许对我们来说可能意味着什么。

那天晚上听耶稣讲道的使徒在教会中承担了独一无二、不可重复的角色。①使徒没有"接班人计划"。

这些思考有助于我们明白，耶稣对这些使徒所说的话虽然对我们也有一定意义，但不是直接说给我们听的。因此，当耶稣说，"只等真理的圣灵来了，他要引导你们明白（进入）一切的真理……"，我们不能错以为自己也属于当时在现场听他讲话的"你们"。我们不能期望圣灵给我们直接的启示。相反，我们应当问，"圣灵用什么方式向使徒们兑现了这个应许？如果这与当今教会真有关系的话，是如何产生关联的？"

有几个线索可以帮助我们找出答案。耶稣说圣灵要来荣耀他（约16:14）。但是圣灵要如何荣耀他呢？**154**

一、圣灵要将从基督那里领受的，告诉使徒（约16:14）。

我们还能辨认出圣灵对使徒的宣告吗？回想一下14章前面的内容。我们会想起耶稣对他话语重要性的强调（约14:10、21、23、24、25、26）。他也向使徒们保证，圣灵要将"一切的事"指教他们，提醒他们"我对你们所说的一切话"（约14:26）。

我们是否愈发清楚该怎样看待这个教导了？没错！耶稣的话正预言了圣灵要用什么方式，来帮助使徒记住他对使徒所说的一切话，并让他们在四福音书中记载下来。

二、圣灵也要引导他们"进入一切的真理"（约16:13），

---

① 使徒（希腊文的 *apostolos*）一词的意思是"被差派的人/受委托的人/信使"。这个词在新约出现了大概八十次，基本上都是出现在下面这四个场合：（1）一般的信使（约13:16）；（2）耶稣是父所差遣的那一位（来3:1）；（3）被教会差遣开展某项事工的人（林后8:23）；（4）"那十二使徒"还有保罗，他们亲眼见证了复活的基督，又受基督委托，承担与整个教会有关的侍奉。这时在马可楼上听耶稣讲道的人就属于第四类。

借此荣耀耶稣。

我们进入这样的真理了吗？当然进入了。是从哪里进入的呢？请再思想一下耶稣所说的话。这些话其实预言了《使徒行传》中所描述的事件，还有新约书信的内容。实际上，保罗提到以弗所信徒"你们学了基督，却不是这样。如果你们听过他的道，领了他的教，学了他的真理……"（弗4:20–21）

三、圣灵要把"将来的事"（约16:13）显给使徒，借此荣耀耶稣。我们也能了解将来的事吗？当然能！但是在哪里了解将来的事呢？在新约各卷书尤其是《启示录》所记载的预言中。《启示录》开篇几乎就在回应耶稣马可楼上的话："耶稣基督的启示，就是神赐给他，叫他将必要快成的事指示他的众仆人……"（启1:1）

除了这些线索，还有哪些地方可以让我们了解将来的事？四福音书、《使徒行传》、新约书信、《启示录》，甚至整个新约！

耶稣透过他的教导告诉门徒（这件事他如果直接告诉门徒，他们或许无法"承受"），他们的一个重要使命是，要借着圣灵的侍奉和内住，写下新约。门徒要为他作见证，但是与此同时圣灵也要为他们作见证。透过圣灵赐能力让他们写下的内容，耶稣将继续光照那些心中黑暗的人，从文字记载的道中得见基督的面，也让耳聋的人听见他的声音，从而信靠他。

因此，耶稣是在对使徒说话，不是在对我们说话。

虽然这些话不是对我们说的，却可以应用在我们身上。因为我们也需要被引导进入真理，我们也需要知道救主说了什么，我们也需要在将来之事的光照下生活。现在我们已经有了新约圣经，所以我们的这些需要都可以得到满足！

那么，如果我们想看到圣灵所荣耀的那位基督，该怎么做？就像我们读《约翰福音》时所做的，我们要默想圣经，让基督的话语丰丰富富地住在我们里面（西3:16）。这样圣灵今天就能在我们心里动工，光照我们的悟性，让我们认识耶稣是谁，明白耶稣的教导。也让我们知道如何才能高举他，荣耀他！

与你们有益

这是耶稣离开门徒，差遣圣灵到他们这里来所产生的另外一个维度的"益处"。某种意义上说，耶稣自己"从起头"就教导他们。他们属于"无知的人"，先知所说的一切话，他们的心信得太迟钝了（路24:25）。我们也是一样。但是主已经差遣圣灵到我们这里来。他不仅在新约中以文字记载的道将基督启示给人，而且继续住在信徒里面，"从里面"光照他们的悟性。

门徒感到恐慌。他们担心如果耶稣离开了，会觉得离他很远，对他的记忆会渐渐模糊，对他的认识会暗淡不清。但是耶稣却应许他们，实际情况恰好相反。他要比之前与门徒更亲近，圣灵要更新他们，让门徒重新记起他之前的一切教导并且明白这教导，从而更认识他。正因如此，他们当中的一位才能写下这句话来鼓励将来的所有门徒："你们虽然没有见过他，却是爱他。如今虽不得看见，却因信他就有说不出来、满有荣光的大喜乐。"（彼前1:8）

耶稣确实是为了他们的"益处"才离开的。

在我们第一次面对面见到耶稣之前，这与我们也是有益的。

基督仍然有很多话要对我们说。但是我们不要忽视他如何说话：他要让新约圣经所启示的基督的话语，丰丰富富地住在我们里面！

第十章

明白之前的困惑

《约翰福音》16章17至33节

　　有几个门徒就彼此说："他对我们说：'等不多时，你们就不得见我；再等不多时，你们还要见我'；又说：'因我往父那里去。'这是什么意思呢？"门徒彼此说："他说'等不多时'到底是什么意思呢？我们不明白他所说的话。"耶稣看出他们要问他，就说："我说'等不多时，你们就不得见我；再等不多时，你们还要见我'，你们为这话彼此相问吗？我实实在在地告诉你们：你们将要痛哭、哀号，世人倒要喜乐；你们将要忧愁，然而你们的忧愁要变为喜乐。妇人生产的时候就忧愁，因为她的时候到了；既生了孩子，就不再记念那苦楚，因为欢喜世上生了一个人。你们现在也是忧愁，但我要再见你们，你们的心就喜乐了，这喜乐也没有人能夺去。到那日，你们什么也就不问我了。我实实在在地告诉你们：你们若向父求什么，他必因我的名赐给你们。向来你们没有奉我的名求什么，如今你们求，就必得着，叫你们的喜乐可以满足。"

　　"这些事，我是用比喻对你们说的；时候将到，我不再用比喻对你们说，乃要将父明明地告诉你们。到那日，你们要奉我的名祈求；我并不对你们说，我要为你们求父。父自己爱你们；因为你们已经爱我，又信我是从父出来的。我从父出来，到了世界；我又离开世界，往父那里去。"门徒说："如今你是明说，并不用比喻了。现在我们晓得你凡事都知道，也不用人问你，因此我们信你是从神出来的。"耶稣说："现在你们信吗？看哪，时候将到，且是已经到了，你们要分散，各归自己的地方去，留下我独自一人；其实我不是独自一人，因为有父与我同在。我将这些事告诉你们，是要叫你们在我里面有平安。在世上你们有苦难，但你们可以放心，我已经胜了世界。"

159　　在神学院教讲道学和传播学的教授，会再三强调讲道的时候一定要让人明白。

　　有时候会众会对传道人说，"你需要向耶稣学学，讲得再简单一些，让我们都能听明白！"但你是否想过，如果让耶稣来教讲道学，他的表现会怎么样？他最忠心的门徒已经听他讲了三年。耶稣不用深奥的词语。即便如此，他们仍然无法明白他所说的一切。他们并不缺少智慧。然而即便在马可楼上，他们也不得不问耶稣，他所说的到底是什么意思，因为他们仍然感到困惑不解。此外，耶稣说有些事情他们需要明白，但是现在他们还担当不了（约16:12）。

耶稣是不是不太擅长沟通？根本不是。圣经告诉我们，"众人都喜欢听他"（可12:37）。但这并不表示他们就能听明白耶稣所讲的。这不是一码事。

问题不在于智力高低，也不是因为高深的用词或者含义不清。而是因为耶稣所说的乃是属灵的事。门徒没有洞见，缺乏属灵的悟性，无法领悟耶稣所说有关神国的事。他们需要光照，只有这样真理才能显明出来，只有这样他们才能说"我明白了！"

门徒还没有达到这种程度。他们心中仍然困惑。耶稣说要离开他们到父那里去，将来还要回到他们这里来，这到底是什么意思？耶稣在这里说的"不多时"到底是什么意思？这一切仿佛让人无法理解。因为耶稣是在用谜语对他们说话！

但是门徒很快就要看到一件备受鼓励的事情。他们困惑的时候，就彼此对问："他所说的是什么意思？我不明白。你明白吗？""不明白，我也不明白。我觉得很困惑。"

也许你打扫房间的时候发现，在打扫的过程中房间会变得更乱，继续打扫才能彻底变干净！有时候我们必须先感到困惑，才能真正弄明白。困惑可能正意味着我们之前的错误思想产生了动摇。但是这可能让我们内心感到没有把握，甚至感到恐慌。

如果我们不能正确地组装拼图，最后得到的图片就是错误的。我们需要拆开重新组装。但是这时候拼图看起来就像一团乱麻。我们会很困惑，直到灵感来了，将拼图正确地组装在一起。只有这样我们才能清楚地看到正确的图片。这时候我们

160

回头看，才会发现要想真正弄明白，困惑就是一个必不可少的阶段。

因此耶稣打断了门徒困惑的交谈，好帮助他们。因为几天之后，他就要在耶路撒冷到以马忤斯的路上，向两个门徒做同样的事情（路24:13–15）。

耶稣允许我们偷听他们的谈话。

门徒问，"他对我们说'等不多时，你们就不得见我；再等不多时，你们还要见我'；又说：'因我往父那里去。'这是什么意思呢？"（约16:17）

我们知道，"往父那里去"是耶稣概略的说法，表示他将要受苦、受死埋葬、复活、被接升天坐在神的右边。若干小时之后，耶稣就要受死埋葬，而且"等不多时"他们将不再见到他，实际上他们觉得再也见不到他了。但是再"等不多时"，他们还要见到他，因为那时候他要复活。

161　　有一年的十二月，有人采访英国一位顶尖经济学家，请他预测未来的经济形式。他说了一句让人开心的话，"圣诞节的意义只有到了复活节才能显现出来"。当然，他的意思是经济学家要花点时间，计算一下圣诞季到底创造了多少利润，以及借钱在圣诞季消费会产生多大影响！这一切可能要到复活节才能计算出来。但是这位经济学家就像该亚法（约11:49–52）一样，他说的话也蕴藏着比自己想象中更深的内涵。这就是耶稣一直告诉门徒的，他道成肉身的含义要在他复活的时候才能显现出来。有了复活节，圣诞节才有意义。如果没有复活，这整个故事只会让人困惑不已。

同样，门徒感到困惑，就是因为他们一心想弄明白耶稣的话，却根本不愿意将他的受死和复活考虑在内。如果没有复活，耶稣的死对他们来说就没有意义。如果福音轻看了复活，那这样的福音就根本不是福音，就像保罗所强调的（林前15:12-19）。只有明白了耶稣还要复活、再来，门徒才能克服耶稣离开给他们带来的恐惧。

耶稣利用这个原则，给门徒上了非常实用也至关重要的一课，就像他那标志性的强调用语（"阿们，阿们，""实实在在"）所表明的一样。他用言语描绘了一幅图画：

> 我实实在在地告诉你们：你们将要痛哭、哀号，世人倒要喜乐；你们将要忧愁，然而你们的忧愁要变为喜乐。妇人生产的时候就忧愁，因为她的时候到了；既生了孩子，就不再记念那苦楚，因为欢喜世上生了一个人。你们现在也是忧愁，但我要再见你们，你们的心就喜乐了，这喜乐也没有人能夺去。（约16:20-22）

当生产的痛苦结束，一个孩子出生在世上的时候，那喜乐是何等的大！门徒的忧愁过去之后，也要生出如此大的喜乐。

耶稣这样解释是为了教导一个更深的真理，一个门训的大原则。那就是，不仅在生产之痛结束后，才能享受孩子出生的喜乐；而是只有透过生产的痛苦，才会有孩子出生的喜乐。门徒的痛苦与他们将要享受的喜乐有先后关系，但是也有因果关系。痛苦会生出喜乐。在门徒的一生中，有一种"痛苦时安慰

162

我之乐"。①

试炼和喜乐，受苦和荣耀这样的关系，是新约一贯的教导。我们现在确实会受苦，但是将来也一定会得享荣耀。但是除此之外，受苦还是用来产生荣耀的原材料，就像女人的生产之痛会带出新生命的喜乐一样。对基督徒来说，最黑暗的时候依然是有意义的，依然有神的目的在其中。我们可能不明白神行事的具体方式，但是经历了黑暗艰困时刻的威廉·古柏（William Cowper）说得很对：

163　　　深不可测，他的蕴藏，

巧妙永不失败；

隐藏他的智慧设计，

行他独立旨意。

圣徒应当鼓勇振奋，

不怕天空多云；

云中深藏慈爱怜悯，

化为恩雨降临。②

"海洋之中有其踪迹，驾御风暴飞驰，"古柏写道。他是

---

① 摘自赞美诗《伟大的爱》（O Love That Wilt Not Let Me Go），作者乔治·马德胜（George Matheson；1842–1906）是牧师兼诗歌作者，他年轻时就双目失明。

② 摘自赞美诗《上主作为何等奇妙》（God Moves in a Mysterious Way），作者威廉·古柏（1731–1800）。

在回应亚萨的诗:

> 你的道在海中,
> 你的路在大水中,
> 你的脚踪无人知道。（诗77:19）

亚萨似乎与古柏一样,性格中有一丝忧郁气质。他在黑暗中对神的同在提出了一些尖锐的问题。即便"海洋之中有其踪迹",这踪迹岂不是马上就会消失得无影无踪吗?我们又怎能看得到呢?

我们如果认为总是能够明白神在做的、或者将要做的事,那我们就是幼稚的基督徒。但是我们的天父行做万事,是为了叫他的儿女得益处。耶稣在教导门徒,他们所受的苦,都会成为天父手中的原材料,天父要用这些材料成就他们的荣耀。忧愁将会变为喜乐。

神是一位陶匠,我们是他手中活的泥土。他在陶造我们的生命时,有时会让我们觉得受伤。但是神的目标是让我们转变成基督的形象。他在改变我们,让我们"荣上加荣"（林后3:18）。他要在我们身上塑造的东西,有着永远无法消失的荣美。"我们这至暂至轻的苦楚,要为我们成就极重无比永远的荣耀。"（林后4:17）但是若要看到这一点,就必须往正确的方向看:"我们不是顾念所见的,乃是顾念所不见的;因为所见的是暂时的,所不见的是永远的。"（林后4:18）

在我们一生当中,受苦之后可能要经过很长时间才能得到荣耀。但是在这个场合下,耶稣向门徒保证,他们不久就要经历这种神圣的模式。因为再过几天，也就是从周五下午到主日早上，这一切就都要兑现。看起来好像要到永恒中才能实现，但其实"等不多时"，他们就不用再受苦，而是大有喜乐，得享荣耀："你们现在也是忧愁，但我要再见你们，你们的心就喜乐了，这喜乐也没有人能夺去。"（约16:22）

耶稣所经历的，即"他因那摆在前面的喜乐，就轻看羞辱，忍受了十字架的苦难"（来12:2），门徒也要经历。他们生命中接下来的这几天，要成为他们一生的模式，也要成为我们一生的模式。明白这一点可以帮助门徒度过苦难。

我们会逃离苦难。基督徒不是受虐狂。我们很容易被压力压垮，倒下。但是我们看到了那看不见的，即天父一直在我们里面、透过我们，或者在我们以外动工，要成就他对我们的旨意。他正在我们里面塑造我们，让每个基督徒都反射出他的荣耀。如果是这样，我们就得到鼓励，愿意降服在他面前，让他陶造我们，并学着祷告说，"父啊，这实在痛苦，但是请你透过这痛苦在我里面生出荣耀"。

这种范式差不多也是耶稣复活后教给门徒的第一个功课。还记得他在以马忤斯的路上对两个门徒说的话吗？"基督这样受害，又进入他的荣耀，岂不是应当的吗？"（路24:26）

如果主是这样，门徒肯定也是一样，只是程度上有差别而已。

但是关于这条路，耶稣还有很多要教导他们的。再说一次，如果耶稣说话的时候在前面加了"实实在在"这几个字，就表明这个教导极为重要："到那日，你们什么也就不问我了。我实实在在地告诉你们，你们若向父求什么，他必因我的名赐给你们。向来你们没有奉我的名求什么，如今你们求，就

必得着，叫你们的喜乐可以满足。"（约16:23-24）

时候将到，他们将不再见主，但是这种状况不会持续太久，因为很快他们就要再见到他。还有，有一天他们将再也无法在这个世界上见到耶稣。那怎么办？如果他们无法求耶稣给出建议、智慧、引导和安慰，该怎么办呢？

耶稣明确告诉门徒，他要赐给他们特权：他们可以到父面前！他们可以奉耶稣的名来到父面前！

门徒之前从未这样祷告过："天父……我们奉耶稣的名祈求。"实际上，之前从来没有人这样祷告过。但是这项特权是耶稣留给他们的遗产之一。他们毋庸担心，因为当他们来到父的面前，奉他儿子的名祷告时，会得到所需要的一切帮助！

耶稣这样说，就等于告诉门徒他不再用"比喻"： **166**
"我……要将父明明地告诉你们。"（约16:25）

在整个侍奉中，耶稣一直在打比方，他曾经提到要赐下活水，他是生命的粮，是世上的光。在谈到门徒与他的联合时，他还使用了葡萄树和枝子这个更深的比喻。在谈到门徒的受苦时，他使用了母亲的生产这样的比喻。但是时候已经到了，他说话不再用比喻。他对门徒讲父的事时，就"明明地"告诉他们。

父

有一位天上的父。耶稣侍奉的核心就是要带领门徒，也就是他的"朋友"，明白耶稣的父也是他们的父。

旧约的信徒不会称神为"我们的父"，除非他们指的是创造世界的主，也就是创造以色列国的主。但是这时神的启示已经到了一个新阶段。这时子已经来了，人可以透过子认识父。

旧约的神和新约的神是同一位，他没有改变，但是他对自己的启示是渐进性的。约翰已经在《约翰福音》的序言中解释说，只有神的儿子来了，我们才能清楚地认识父：

> 道成了肉身，住在我们中间，充充满满地有恩典，有真理。我们也见过他的荣光，正是父独生子的荣光……从他丰满的恩典里，我们都领受了，而且恩上加恩。律法本是藉着摩西传的；恩典和真理都是由耶稣基督来的。从来没有人看见神，只有在父怀里的独生子将他表明出来。（约1:14、16–18）

只有子被启示出来的时候，我们才能清楚地看到有一位"父"。华菲德（B. B. Warfield）有一个比喻对我们很有帮助：

> 我们可以将旧约比作一个房间，里面装饰精美，光线却非常暗淡。当我们打开灯的时候，房间里并没有增添什么，还是之前那些物品。但是因为有了光，我们就能更加清晰地看到房间里的东西，而之前因为光线暗淡，我们只能模糊地看到一点，甚至什么都看不到……因此，新约的启示虽然更加完满，却并没有因此就显出神在旧约的启示是错的，而只是让旧约的启示变得更加完美、详尽、充实而已。[3]

---

[3] B. B. Warfield, *Biblical Doctrines* (New York: Oxford University Press, 1929), 141–42.

旧约也有几处地方"几乎可以让我们看到"父神。《诗篇》103篇13节就是一个例子："父亲怎样怜恤他的儿女，耶和华也怎样怜恤敬畏他的人。"但是翻过旧约和新约之间的空白页，我们几乎马上就可以看到大量提到父的经文。

我们打开新约从前往后翻。翻到第五六页，就会读到登山宝训，耶稣在这篇讲道中频繁地提到"你们的父"。[④]这一篇讲道中提到父的次数，比整个旧约提到父的次数都多！神是永恒中的父、子、圣灵。但是只有子来到世上之后，这一点才变得清晰起来。使徒们在回顾的时候发现，旧约圣徒对神的认识虽然也很奇妙，但是与新约圣徒对神的认识相比，前者就像是跟着佣人去上小学的学生，而后者就像已经长大成人能够继承产业的大人！[⑤]

门徒这时呼叫神为"阿爸父"（罗8:15；加4:6）。

在基督的教会中，称神为"父"是再常见不过的。但是我们应该在这里暂停一下，思考其中的两个重要方面。第一个与护教学（apologetics）有关[⑥]，第二个与我们自己的属灵健康有关。

护教思维

耶稣提到"父"的时候，用的不是比喻。"父"不是一种

---

④ 太5:45，6:1、4、6、8、9、14、15、18（两次）、32，7:11、21。

⑤ 保罗在加3:22–4:7使用了这个比喻。

⑥ 从专业层面来讲，"*apologetics*"这个词不是指"道歉"，而是指代表基督教信仰或为基督教信仰辩护。正是在这个意义层面，彼得在彼前3:15使用了"*apologia*"这个词。

拟人化的用法，不是用专属于人的词汇来描述神。实际上，从某种意义上说，我们人类用"父"这个词指代世上的父亲才叫比喻。人类的父亲身份并不是父神的原型。恰恰相反：神的父亲身份才是人类父亲的原型。他是原型，我们是复制品。从这种意义上说，当我们说"父"的时候，我们是在用一种拟神的说法，是用专属于神的用语来描述人。

我们一定要先明白这个原则，才能理清思路，去对抗对基督教信仰最常见的一种"贬低"，也就是投射论，即认为我们对父神的信心只不过是人自己需求的投射而已。

169 对基督教信仰的这种批评有着复杂的根源。但在流行文化中，我们可以将这样的批评追溯到卡尔·马克思（Karl Marx；1818–1883）和奥地利心理学家西格蒙德·弗洛伊德（Sigmund Freud；1856–1939）。他们认为父神只是一种愿望得到满足的形式。

但是这种投射论还有更深的根源，可以一直追溯到路德维希·费尔巴哈（Ludwig Feuerbach；1804–1872）。⑦

除此之外，抱有这种想法的领袖，几乎都受到了欧洲神学的影响。其中就包括神学家弗里德里希·施莱尔马赫（Friedrich Schleiermacher；1768–1834）的作品。施莱尔马赫教导说，真宗教的本质就在于一种终极的依赖感。

---

⑦ 在《基督教的本质》（*The Essence of Christianity*）这本书中，费尔巴哈用了"神学就是人类学"这样的表达。意思就是，当我们谈论神的时候，我们其实是在谈论我们自己。这本书最开始由小说家乔治·艾略特（George Eliot），真名马里安·伊万斯（Marian Evans）译成英文：*The Essence of Christianity* (London: Kegan Paul, Trench, Trubner & Co., 1893), xi, 270, 301。

施莱尔马赫乃是在回应欧洲启蒙运动，尤其是那种否认人可以对神产生真实客观认识的哲学，比如伊曼努尔·康德（Immanuel Kant；1724–1804）。施莱尔马赫以为自己实际上是在从所谓的"有教养又鄙视宗教的"[⑧]知识分子手下拯救基督教。从本质上来说，他认为他们错过了这一点，是因为他们不明白宗教的真正本质在于个人意识。他认为那些否认可以获得对神的客观认识之人，没有抓住重点！

施莱尔马赫觉得有能力拯救他自己的神学商店里出售的内容，但事实上他却面临着放弃这些内容的风险。因为如果神学真是基于我们的主观意识，那么我们就很容易得出结论说，神学只是人类需求的投射。我们对天上的父神的依赖感，并不表明存在这样一位神，而只表明人类有一种需求感，神的存在只是这种需求感的投射而已。我们很容易就此得出结论说，我们对神的观念是这种需求感的投射。并且也不难得出结论说，"宗教是人民的鸦片"。这个比方是卡尔·马克思的名言，但是在鸦片泛滥的十九世纪，这句话也被大加推崇。

这就是我们当今基督徒所处的文化背景，所以我们一定不能从当代这种世界观和人生观出发，来看圣经中提到的父神。因为圣经中的神学总是与此相悖的。它以神开始。神将他自己"投射"到受造的人身上，"神说：'我们要照着我们的形像，按着我们的样式造人……'神就照着自己的形像造人，乃是照着他的形像造男造女。"（创1:26–27）

170

---

⑧ 出自施莱尔马赫早期著作 *On Religion: Speeches to Its Cultured Despisers* (1799)。

神是他儿女的父，因此神的儿女受造就渴望也需要神作他们的父。神借着我们的受造方式，来帮助我们明白这一点。我们不是向神学作父亲，也不是将我们的需求投射在神身上。相反，我们这种"需求"，是我们照着神的形象受造必然产生的结果。我们"需要"神，就像鱼儿需要水一样：我们受造就是如此。

因而，神父亲的身份是原型（原件），人类的父亲身份才是复制品（复印件）。

换句话说，我们才是投射的产物！

耶稣在马可楼上说的这番话，能够以不可思议的方式理清我们的思绪。他告诉我们，我们可以去到父那里。他没有用隐喻、明喻或其他修辞手法。他告诉我们确实有一位父。耶稣也应当认识这位父，毕竟耶稣是子！

但是神是父这个启示在教牧上也同样非常重要。

171 牧养良方

我们的主复活之后第一次开口说话时，就再次强调了我们要认识到神就是我们的父。当耶稣对马利亚说下面这番话的时候，也强调了这种观点的重要性："你往我弟兄那里去，告诉他们说：我要升上去见我的父，也是你们的父；见我的神，也是你们的神。"（约20:17）

主耶稣只是在确认并应用之前在马可楼上教导过的这个真理。门徒已经逐渐认识到神的儿子就是他们的主和救主，并且爱他。因此，他们可以确认"父自己爱你们"（约16:27）。这时他们可以和耶稣一样，呼求他为"阿爸父"。

门徒的父母都没有教过他们这样祷告，"我们在天上的父……"。但是这时子已经将父启示出来，他们可以直接来到父的面前。他们只需要凭着耶稣的名，就会发现真的如耶稣所说"父自己爱你们"（约16:27）。

如果你想写一张卡片寄给一位基督徒朋友，还有比这更合适的话吗？这句话对身处任何境地的基督徒都非常合适，因为其中包含了大有能力的牧养良方。

几百年来，那些伟大的属灵大师发现，许多基督徒都患上了一种可怕的综合症，并因此遭受了很多痛苦。因为他们对父神有一种根深蒂固的怀疑，这种怀疑破坏力很强。这种症状可能会深深潜伏在我们灵魂深处，因此我们一定要识别出它，并运用福音的良方来根除它。

这种综合症有两种不同的表现形式。

你可能非常确定子爱你，但是不知道为什么，就是不那么确定父也爱你。

或者你以为父只是因为耶稣为你而死才爱你。这种观点可能更加常见。

172

可悲的是，传道人在传讲福音的时候，也会悄无声息地将后一种信息传达给我们。

比如，传道人可能会说："你是有罪的。但是请听福音的好消息：基督为你而死，所以神爱你。"

我们需要认真思考这句话的含义，因为这句话其实颠倒了福音。

默想一下《约翰福音》3章16节，我们就会明白这一点。因为这节经文说："神爱世人，甚至将他的独生子赐给他们，叫一切信他的，不至灭亡，反得永生。"约翰所写的这个句子清楚表明，他所说的"神"就是父，因为神"将他的独生子赐给他们"。这句话与"基督为你而死，所以神（也就是父）爱你们"完全相反。约翰的意思是，事实上，"因为神（也就是父）爱你们，子才为你们而死"。

这是否只是一个神学术语使用问题？我们不应该这么说，因为错讲福音绝对不只是术语使用问题。这种错误观念背后的逻辑内涵就是"子说服父爱你们"。我们内心深处继而会产生一种很难识别或说清的感受：我们可以毫无保留地信靠主耶稣的爱，但是对天父的爱我们就不那么确定了。如果天父只是因为耶稣所做的说服了他，才愿意爱我们，那我们会怎么样呢？

如果是这样，那种可怕的综合症就永远无法消除。它可能会休眠，可能会减轻，但是却无法消除，随时可能暴发出很多有害的症状，比如怀疑、焦虑、信心软弱、没有确据、没有喜乐等等。

173　　但是下面就是根治这种综合症的良方："我与父原为一。"（约10:30）"人看见了我，就是看见了父。"（约14:9）还有一味神学上的灵丹妙药，如果每天服用，就一定能根除这种综合症："父自己爱你们。"（约16:27）

你看到耶稣对你的爱，也就看到了父对你的爱。你也就看到了一切！

下面是之前世代的一位属灵大师的观点。约翰·欧文（John Owen）的这番话已经有好几百年历史了，至今仍值得我们慢慢品读、认真思想：

我们该怎样领受父的这种爱，才能与他团契相交呢？我的回答是，凭着信心。领受神的爱就是相信神的爱。而神已经完满地、明显地启示了他的爱，叫我们可以凭着信心领受他的爱。

我们确实不会直接相信父，而是透过子相信父……

耶稣基督的爱与父的爱比起来，不过是光束，是溪流。虽然我们一切的光、一切的滋养都来自于此，但正是通过耶稣基督，我们被引向那活水的源头，引向那永恒之爱的太阳本身。信徒如果在这方面操练自己，就会在属灵上大大成长，从而更好地与神同行。

这就是要达到的目标。我们很容易在这方面生出令人不安的黑暗的想法。很少人能够凭着信心在内心和思想上达到这样的高度，将灵魂安息在父的爱中。他们都活在比这更低的地方，那里充满了烦恼，盼望与惧怕、暴风与乌云轮番上演。

而在这个高度上，则是一片祥和，充满宁静。但 **174** 是他们不知如何才能达到这个高度。神的心意就是让我们看到他是一位仁慈、良善、温柔、慈爱、永不改变的神；让我们看到他更是我们的父，是伟大的泉源和溪流，一切恩慈的交通和爱的果实都由他而出。

这就是基督要启示的：神就是父。⑨

---

⑨ *The Works of John Owen*, ed. W. H. Goold (1850–53; repr., Edinburgh, Scotland: Banner of Truth Trust, 1965–68), 2:22–23.

> 我们不了解我们得到的怜悯，以为我们的特权就是犯罪，然后承受数不清的麻烦……这让我们在本可以喜乐的时候却心情低沉，本可以在主里刚强的时候却软弱。很少有圣徒能够经历和认识在爱中直接与天父团契相交的特权！他们看父的时候，心中是多么的焦虑、疑惑！他们心中害怕、质疑天父的美意和良善！许多人充其量只是以为，若非耶稣宝血所付上的昂贵赎价，天父压根就不会喜爱我们。确实，我们只有靠着耶稣的宝血才能与天父交通，但是那白白的泉源和溪流才代表了天父的怀抱。[10]

如果这触动了我们，我们就需要将心思定睛在耶稣所说的这些话语上，让这些话语像洪水一样淹没我们的心田。这话语就是：父自己爱你们。

我们每天都要这样对自己说。这句话很简单，却能改变我们的生命，赐给我们平安，让我们心中安稳。如果圣灵来了就能让门徒相信这一点，那么圣灵也能大大光照他们，让他们明白耶稣为什么要离开他们，到父那里去（约16:28）。但是我们已经在马可楼外聊了好一会了。现在该回去了。

也许这时门徒已经了解圣灵来到他们身边要做的一切，所以他们意识到耶稣的离开是与他们"有益"。耶稣会求父实现他给门徒的应许。他会差遣他的圣灵到门徒这里来。圣灵来了，他们就能够像后来的保罗那样说，"所赐给我们的圣灵将

---

[10] *Works of John Owen*, 2:32.

神的爱浇灌在我们心里"（罗5:5）。他们就会知道父爱他们，不再有任何顾虑。

门徒的回应似乎让人很受鼓励："门徒说：'如今你是明说，并不用比喻了。现在我们晓得你凡事都知道，也不用人问你，因此我们信你是从神出来的。'"（约16:29–30）

他们的心境已经改变了！他们重新有了信心。但耶稣不是第一次看到这样的反应："我们已经明白了，再也不会困惑了。"他再次提醒他们，前面还有试炼在等着他们："现在你们信吗？……你们要分散……"（约16:31–32）

然而门徒遭遇的试炼与耶稣的试炼比起来根本算不上什么。他们"要分散，各归自己的地方去"（32节）。相比之下，耶稣却要"独自"经受试炼（32节）。然而最终他并非"独自一人"，爱他们的那位父也爱他，要与他同在。

这是耶稣最后一次解释为什么要同门徒一起度过这段时光。我们已经看到，他的话洁净了他们，他希望借着这些话带给他们喜乐。这时他又补充说："我将这些事告诉你们，是要 **176**叫你们在我里面有平安。在世上你们有苦难，但你们可以放心，我已经胜了世界。"（33节）

耶稣结束对门徒直接的教导时，给了他们两个应许。

第一个是平安（希伯来文的沙龙"*shalom*"）。在基督里有沙龙（平安）。透过他的工作，我们与神之间就可以有平安。透过圣灵的侍奉，我们就可以被更新，重新得到建造。

第二个是得胜。他已经"胜了世界"。在基督里，我们就可以得胜，而且可以借着基督得胜有余（罗8:37）。

我们即将结束对这四章经文的查考。我们一直在聆听救

主对门徒的教导，观看他如何证明自己爱他们"到底"（约
13:1）。下面是最后一章，我们将在这一章听到他的祷告，即
听到永恒的子对父说话。这是整本圣经中最神圣的时刻之一。
当门徒跟着耶稣进入至圣所的时候，耳畔还回响着他的话：
"世上有苦难，但是你们若信我，就可以在我里面有平安，也
可以胜过一切福音的仇敌。"

　　能够跟着门徒一同前往，是我们莫大的荣幸。

第十一章

基督敞开心扉

《约翰福音》17章1至5节

　　耶稣说了这话，就举目望天说："父啊，时候到了，愿你荣耀你的儿子，使儿子也荣耀你；正如你曾赐给他权柄管理凡有血气的，叫他将永生赐给你所赐给他的人。认识你独一的真神，并且认识你所差来的耶稣基督，这就是永生。我在地上已经荣耀你，你所托付我的事，我已成全了。父啊，现在求你使我同你享荣耀，就是未有世界以先我同你所有的荣耀。"

　　怎样才能了解一个人？与对方面对面地交谈。但有时候他们和最爱的人面对面交谈时，如果我们能够在旁边听一听，也可以更好地了解他们。轻松融洽的关系、说心里话的自由、知道对方不会误解、不担心分享自己的秘密，这一切让他们畅所欲言。

　　在了解主耶稣基督的时候也是一样。在这些章节中，我们在一旁聆听主和"朋友们"的谈话，可以更好地了解他。但是《约翰福音》17章让我们对他的了解最深，因为我们在这章聆听了他与天父之间的谈话。约翰深知这一点。因此在写这部分内容的时候，他不仅提到了耶稣的行动、谈话和教导（约13至16章），还提到了他的祷告（约17章）。

这其实就是"主的祷告"，也是新约篇幅最长的祷告。

在此之前，门徒心里充满了疑问。他们当中将近一半的人，就是西门彼得、约翰、多马、腓力和犹大，都说出了心底的疑问。但是他们最后全都安静了下来（约16:5），只听到耶稣在说话。这时耶稣不再对他们讲话，而是让他们在旁边听一听他向天父说话。

从某些方面来看，《约翰福音》13至17章是福音书中的福音书。实际上，这几章的内容反映了这整卷福音书的轮廓。

这卷书以序言开始，以结语结束。

中间可以分为两大卷：神迹篇和荣耀篇。

同样，这几章开始也是序言，即耶稣给门徒洗脚。

中间分为两部分。在13和14章，耶稣对门徒讲说他即将离开，并应许要差遣圣灵到他们这里来。

179　　在15和16章，耶稣劝门徒要住在他里面，并应许会保守他们度过接下来的苦难。

这部分最后也以结语结束，即耶稣为他自己和门徒祷告。

从宗教改革时期开始，这一章就被称为基督"大祭司的祷告"。约翰没有专门在这里将耶稣描述为大祭司，因此有些学者就尽量避开大祭司这个称呼。然而，耶稣这里的祷告模式，正是大祭司在一年一度的赎罪日祷告时所采取的模式。

赎罪日

旧约时代每天都要献祭。一开始是在会幕中，之后是在耶路撒冷的圣殿中。祭司会分成不同的班次轮流侍奉，一整年都是如此。

会幕和圣殿的基础平面图一样，都有院子，院子里有两个房间：圣所和至圣所。至圣所就是最圣洁的房间。

祭司每天都会在圣所献祭。但是一年只有一次，即提斯利月，也就是犹太教历七月的第十天，相当于公历九、十月间，大祭司才能进入至圣所。约柜就存放在至圣所内，犹太人一般认为这就是神在世上设立的宝座。这里是圣地，只有大祭司才能一年进去一次，为百姓的罪献祭并为他们祷告。

这是非常神圣的场合，其他以色列人都不得进入至圣所，只有大祭司才能一年进去一次。

赎罪日的规定记载在《利未记》16章1至34节。大祭司要为 **180** 自己和众祭司的罪献上一只牛犊，并将牛犊的血洒在约柜的施恩座上，还有施恩座前的地上。

另外，大祭司还要带两头公山羊，并为这两只羊拈阄，决定两只羊各用来干什么。

他要杀死其中一只羊，将血洒在施恩座上，作为赎罪祭。

他还要牵过另外一只羊来，将手按在它的头上，替百姓认罪。然后将这只羊牵到旷野放了，寓意着全以色列的罪都被带到了旷野。第一只羊是"归于耶和华"，象征着百姓的罪疚得到了解决。另外一只羊是归于"阿撒泻勒"（参见利16:8–10）。根据钦定本圣经（KJV）的翻译，我们知道这就是"替罪羊"。我们都很熟悉替罪羊的意思，即"代替别人承担本该由他们承受的责罚"。①

在耶稣的时代，大祭司要在赎罪日那天，按着详细的规定，为他的侍奉做准备。他要通过洁净礼洁净自己，并整夜警醒不眠。会有几个人专门帮助他，好让他在这几个小时内一直警醒祷告，不要睡着。读到这里，我们几乎不自觉地就会想到耶稣将自己分别为圣（约17:19），以及他在客西马尼园对门徒说的话，"你睡觉吗？不能警醒片时吗？总要警醒祷告"（可14:37–38；动词"警醒"的意思就是"一直醒着"）。

大祭司的代求由三个同心圆组成：一，为自己和自己将要承担的侍奉祷告；二，为同他一起分别为圣服侍耶和华的人代求；三，为神所有的百姓代求。

181

大祭司的象征意义即将在主耶稣身上应验，因为他是新约的大祭司。真正的赎罪日，也就是最后一个赎罪日即将到来。不久旧约的影子将让位于实体，但不是借着公牛和公山羊的血，也不是借着那只被放到旷野担罪的公山羊。因为这样的献祭需要每年重复一次。新约说得很清楚，旧约的信徒肯定能从不断重复的献祭中看出，这样的献祭是无法永远除罪的，也无法真正救他们摆脱属灵的奴役。根本不能。神只是"遮掩"

---

① 《利未记》16章8节解释了为那两只羊拈阄的情况，"一阄归与耶和华，一阄归与阿撒泻勒。""阿撒泻勒"是异教神祇的名字，所以学者们对于第二只羊的意义多有争论。也许要明白这幅图景，最好的方法就是将第一只羊视为象征着赦罪需要的祭，将第二只羊视为被流放到那恶者的领地范围。

基督应验了这种戏剧性的表现形式。基督献上自己，为人的罪疚做了赎罪祭，但是他也进入了撒但的领地范围，打败了撒但，将我们从奴役下拯救出来，让我们归向他。神为伊甸园中的罪提供了双重解决方案：借着献祭遮盖人的罪疚和羞耻，并借着应许将人从蛇的奴役中救出来（创3:15、21）。赎罪日清楚地表明了这一点。而将来到来的那一天会更清楚地表明这一点。

了罪，直等到那一次献上永远有效的祭来到，才能彻底除掉这罪。正如保罗所说的，"他用忍耐的心，宽容人先时所犯的罪"（罗3:25）。但是此时，这位真正的、最后的大祭司耶稣来到，他要献上那能彻底除罪的祭，一劳永逸地将人从奴役中拯救出来。他要献上自己，献上他的宝血，全然背负我们的罪，最终除掉我们的罪，战胜那恶者。

在这个背景下，耶稣遵循了大祭司的献祭模式：

17章1至5节：　　耶稣为自己和自己的侍奉祷告。

17章6至19节：　　耶稣为他当时的门徒，即在他公开侍奉期间父所赐陪伴他的人祷告。

17章20至26节：耶稣为将来所有的基督徒祷告（"我不但为这些人祈求，也为那些因他们的话信我的人祈求"）。

182

我们也包括在内。不管我们是以什么途径听到福音，最终都是借着使徒的话（就是现在记载在新约中的那些话）相信耶稣的。

我们的主祷告的范围很广，让人听了非常激动！其中涵盖了他在接下来这段时间的侍奉，也涵盖使徒们在下一代信徒中间的侍奉，之后他甚至还为我们今天的教会代求，将我们也带到父的面前。

这都是《约翰福音》中非常神圣的时刻。从某种意义上来说，这将我们带回了开篇所说的那些话。因为耶稣在这里"pros ton theon"，即面对面地见到神，且"eis ton kolpon"，即"在父怀中"（约1:1、18）。这一整章就像一个听诊器，我们可以透过它听到救主的心跳。

这也都是真情流露的时刻。耶稣只在这里称神为"圣父"和"公义的父"。他"虚己，取了奴仆的形像，"这时必定"存心顺服，以至于死，且死在十字架上"（腓2:7–8）。

耶稣为自己祷告

终于"时候到了"（约17:1）。耶稣在迦拿的婚宴上，还有住棚节的宴席上吃饭时，曾经两次说过他的时候还没有到（约2:4，7:6）。但是在这最后的晚餐上，他知道时候已经到了。这一周早些时候，那些希腊人想见耶稣时，耶稣就知道这是个信号，表明他的时候快要到了（约12:20–21）。在马**183**可楼上，耶稣已经觉察出魔鬼正在发动最后的进攻（约13:2、27）。各方人马都已经就位。圣经即将得到应验，包括《诗篇》的一个预言，即耶稣的一个同伴要卖他。但是这时那最古老的应许也即将应验。时候已经到了，他的脚跟将要被打烂，但是他也要伤那蛇的头。

耶稣是如何为自己祷告的？他为哪些事项祷告？他是否祷告祈求另外一条出路？不是的，他还没有这样祷告，虽然大约一个小时之后他会这样祷告。那时他想到将要在十字架上被神离弃，就渴望神另外预备一条道路（"我父啊，倘若可行，求你叫这杯离开我"；太26:39）。

他这时是在祷告求神加添给他力量吗？说实话，他需要神加添力量，而且很快就将"大声哀哭，流泪祷告，恳求那能救他免死的主"（来5:7）。他的祷告也将蒙应允，神会派一位天使加添他力量（路22:43）。但那是他一两个小时候之后才做的祷告。眼下他担着别的担子："耶稣说了这话，就举目望天说：'父啊，时候到了，愿你荣耀你的儿子，使儿子也荣耀你。'"（约17:1）

"父啊……荣耀你的儿子。"历史上从来没有这样的祷告。一方面每个信徒确实都可以默想保罗所说的话，并祷告说，"父啊，你已经应许让我们'荣上加荣'（参见林后3:18）。请在我里面做成那荣耀。"但是耶稣此时说的是另外一回事，因为耶稣说的荣耀，"就是未有世界以先我同你所有的荣耀"（约17:5）。这不是"反射的荣耀"，耶稣说这是"我的荣耀"（24节）。

这样的祈求有几个明显的特点。

子的神性

耶稣的话有力地表明他意识到了自己永恒的身份。他知道自己的身份就是神的儿子，因此他理应得到荣耀。他是从永恒当中就在神的怀中，并与神面对面的那一位（约1:1、18）。他知道他是从神来的，也要回到神那里去。他知道父已将万有交在他手里（13:3）。人类说不出这样的话。

我们的主非常熟悉旧约圣经。他知道耶和华的话，"我必不将我的荣耀归给假神"（赛48:11）。没错，那天晚上再晚些时候，他会以一种不同的方式开始他的祷告："我父啊，倘若可行，求你叫这杯离开我……"但是此时他并没有这样祷告。他没有在这里祷告说，"父啊，倘若可行，你愿意荣耀我吗？"相反，他直接求神将他身为神子所当得的荣耀，也就是父之前应许给他的荣耀都给他。

耶稣是父的儿子。因此无论是在永恒中还是在世上的这段时间，他总是遵行"高举你的父"这条诫命。道成肉身成为人的时候，我们的主因着他的顺服就表明了他是高举神的。他是永恒的父的"*pais*"（"孩子"，"儿子"或"仆人"，徒3:13、26）。[②] 他就像一个孩子来到自己的父亲面前，对父亲说，"父啊，你已经应许了我，现在请兑现你的应许吧？"

但是耶稣也是永恒的子，他与父"同质，同权，都是永恒的"。神的荣耀，也就是"未有世界以先我同你所有的荣耀"，也都是应许给他的，都是他所当得的。[③]

但是这"荣耀"到底是指什么呢？

185 荣耀

在圣经中，神的荣耀就是，他的存有以及他不可见的属

[②] ESV圣经（2016版）将"*pais*"译为"仆人"，并在注释中提到也可以译为"儿女"。而在《路加福音》2章43节指耶稣时，ESV又将"*pais*"译为"男孩"。《使徒行传》3章将"*pais*"翻译为"儿女"，有一定的神学价值，因为这是为了指明一个事实，即永恒的子在道成肉身期间，一直**顺服**天父。这就是与"道成肉身"相称的对父的"高举"。

因此第五诫暗示我们，子应当**高举**父。不论我们是孩子还是成人，都应当这样。只要我们的状况（比如未成年人）还处在父亲的权柄之下，"高举"的表现就是**顺服**。对成年人来说，他不再处于父亲的权柄之下，因为"人要离开父母……"（创2:24）但是他必须一直高举自己的父亲。这些诫命反映了神自己的状况，同理我们可以说三位一体的第二位格总是高举父，因为他是父的儿子。但是因着子有了人性，所以他"高举"父的具体表现就是彻底顺服父。因为身为永恒的子，他在永恒中**高举**父，但是他与父永恒的关系并不属于永恒的**从属关系**。

[③] 参见《威斯敏斯特信条》2章3节。

性外在的表达或彰显。当神恢弘永恒的存有和品格大大迸发，在受造次序中彰显出来的时候，我们就可以看到神的荣耀（诗19:1–6，29:1–11；罗1:19–23）。神仿佛在透过这些手段"发声"，宣告说："你们看不见我，因为我是眼不能见的神。但是透过我身上这些恢弘的外衣，你们就可以感受一下我到底有多威严，多荣耀。"

《诗篇》29篇戏剧性地呈现了这一点。它描述了神百姓经历的雷暴，显然他们当时正聚在一起敬拜：一道道闪电划过长空，轰隆隆的雷声震动了聚会的地方。这里上演了一幕精心策划的超自然的烟花秀，让神的百姓看到了神的威严与大能。神的百姓发自内心地回应说："凡在他殿中的，都称说他的荣耀！"（诗29:9）

约翰已经在迦拿的婚宴上见过基督的荣耀（约2:11）。对观福音书告诉我们，约翰在登山变像时再次见证了基督的荣耀（路9:32）。他在拔摩海岛上的异象中也多次见过基督的荣耀。但是子道成肉身，不仅"倒空了"自己，还"遮盖了"他的荣耀。不过这时他的"时候"已经到了。这是他遭受羞辱的"时候"。但这也是他回到父那里去的时候。他最深的渴望就是除掉这遮盖，显明他就是"神荣耀所发的光辉，是神本体的真像，常用他权能的命令托住万有"（来1:3）。

如果有人问我们，"新约教导我们耶稣是神了吗？"我们 **186** 往往就会引用《约翰福音》1章1节和《罗马书》9章5节这样的经文。但是在《约翰福音》17章，我们发现耶稣自己说他知道他的身份是神。荣耀是属于他的，而且神"曾赐给他权柄管理凡有血气的，叫他将永生赐给你所赐给他的人"（约17:2）。只有神自己才能声称荣耀是属于他的，也惟有神有权柄赐永生给罪人！

耶稣意识到了他的身份是神，这一点可以更进一步从他对永生的定义（惟有耶稣有权柄赐下永生）看出来。他指出永生就是"认识你独一的真神，并且认识你所差来的耶稣基督"（约17:3）。只有子是"与神同在的神"，惟有他有权利将自己与神相提并论！④

但是耶稣的话也强调了他得荣耀和我们蒙福是不可分割的。我们认识他和父，并经历到永生，也是父荣耀子的一种方式！

他的荣耀，我们的祝福

人们往往以为神的荣耀与他们所领受的祝福是对立的，甚至可能认为神的荣耀就在于挖空心思拒绝给人祝福。他们仿佛认为（实际上也确实认为），神的每一点荣耀都会相应地减损他们的福分和喜乐。如果是这样，请问哪个头脑正常的人会乐意荣耀神？

但是问题就出在这里。圣经告诉我们，对于属灵的事情，我们的头脑根本就是不正常的："因为，他们虽然知道神，却不当作神荣耀他，也不感谢他。他们的思念变为虚妄，无知的心就昏暗了。自称为聪明，反成了愚拙；将不能朽坏之神的荣耀变为偶像，仿佛必朽坏的人和飞禽、走兽、昆虫的样式"（罗1:21–23）。

187　　　结果就是，十八世纪苏格兰偏远地区或者美国刚建国不久

_____

④　《约翰福音》17章还有一些迹象表明我们的主已经意识到他也有神性，比如他提到门徒也在"我们"里面（约17:21）。

许多地区的小孩子所能明白的，那些心思最复杂、学术能力最强的非信徒却无法明白："人生的首要目的就是荣耀神，并以他为乐，直到永远。"⑤

神的荣耀和我们的喜乐是不可分割的！但实际情形却是："世人都犯了罪，亏缺了神的荣耀。"（罗3:23）我们都违背了神的律法，背叛了神。但保罗的话强调的是我们悲惨的境遇：我们已经亏缺了神的荣耀。我们已经迷路了，背离了我们起初受造的命运。这也导致我们无法再以神为乐。我们没有了喜乐，也没有了荣耀。

恢复之路

耶稣的祷告也告诉我们如何才能恢复到起初的状态。"时候到了"，耶稣要完成恢复的工作。他要来荣耀父。子荣耀了父，父也必会荣耀子。这种双重荣耀是如何发生的？我们如果顺着耶稣的思路，就更容易看到答案。

要想更好地理解这一点，我们就要明白耶稣的思维逻辑同他说话的先后顺序并不一致。这在圣经中很常见，因为我们一般说话时也会这样。若想明白其中的逻辑，或许可以看看依据《约翰福音》17章1至5节编写的要理问答式的对话。

"基督何时祷告？" 当父荣耀子的"时候到了"，好叫子也荣耀父的时候。（1节）

主耶稣如何荣耀父？ "我在地上已经荣耀你，你所托付我的事，我已成全了。"（4节）

---

⑤ 《威斯敏斯特小要理问答》第一问。

188　　这"事"指什么？"叫他将永生赐给你所赐给他的人。"
（2节）。

永生是指什么？"认识你独一的真神，并且认识你所差来
的耶稣基督，这就是永生。"（3节）

主耶稣是如何做成这事的？"你曾赐给他权柄管理凡有血
气的。"（2节）

耶稣是什么时候做成这工作的？"你所托付我的事，我已
成全了。"（4节）

父如何荣耀子？"……使我同你享荣耀，就是未有世界以
先我同你所有的荣耀。"（5节）

我们之前提到过，整卷《约翰福音》的序言有一个模式：
道，也就是圣子，原本属于那荣耀的世界，却甘愿进入这羞耻
的世界，为要带领我们进入荣耀之中。这种模式现在以戏剧化
的形式呈现在这段福音书的序言中，也就是17章所记载、主的
祷告的"序言"中：他来自于未有世界以先他和父同享的荣耀
中，他来为要拯救他的百姓脱离永远的死亡，并赐他们永生，
然后他还要回到父那里，与父同享属天的荣耀。

这是神在《创世记》3章15节所应许的高潮，因此我们要
在这里暂停一下，关注到这个背景中所埋藏的整个圣经故事的
开端。

神照着自己的形象造人，好彰显他的荣耀。他造了一个园子
让他们看守（创2:8、15）。这个园子彰显了神的荣耀，所以在会
幕中和日后新耶路撒冷的"花园城市般的世界"中，都有这个园
子的影子（启21至22章）。然而，虽然神所造的都"甚好"（创
189　1:31），却并非每一个地方都像那园子一样。亚当，或许还有他

的后裔，要拓展这园子，在更多的地方复制这园子，直到"地极"。为了完成这个任务，神赐给他们"权柄管理凡有血气的"（约17:2；参见创1:28）。圣经暗示我们，当这一切完成之后，亚当和他的家人要将这个花园城市般的世界交还到神的手中，作为他们因着爱而顺服神的礼物，并且说，"我在地上已经荣耀你，你所托付我的事，我已成全了"（约17:4）。

这是一个十分奇妙的呼召，也有着荣耀的结局。亚当却失败跌倒了。亚当本是用地上尘土所造，他非但没有运用神所赐的权柄治理这地，反倒身体腐烂，成为这地的一部分：因为他本是尘土，仍要归于尘土（创3:19）。他永远抛弃了起初受造所要享受的永生，即永远活在神面前，与神交通，以神为乐的生命。

只有看到起初受造所享受的荣耀特权，我们才能感受到人类当前所处的境遇是多么可悲："因为世人都犯了罪，亏缺了神的荣耀。"（罗3:23）

但是现在我们注定要得到恢复。主耶稣的侍奉已经达到了一个阶段，他已经受死、复活、升天。一切已成定局。

父为了赐我们永生，让子做了什么"工作"？我们如果能够透过完整的救赎历史背景来理解他的"工作"，就能对这个问题做出最好的回答。

"工作"

耶稣是"末后的亚当"、"第二个人"（林前15:45、47）。他来要撤销亚当之前所做的，也要做亚当没能做到的。因此，他代替亚当和亚当的后裔，成了受造界的大祭司，因为 **190**

亚当和他的后裔虽然蒙召做大祭司，却失败了。不久耶稣将做完一切需要做的事情，着手开展恢复的工作。头一个人亚当所失去的治理这地的权柄，将要由第二个人即"末后的亚当"耶稣基督重新夺回来（林前15:22-28、45-49）。

所以主耶稣现在可以说出亚当永远也无法说出的话："我在地上已经荣耀你，你所托付我的事，我已成全了。"（约17:4）在不到二十四小时的时间里，他将会说出，"*Tetelestai*，即'成了'"。耶稣完成了亚当没能完成的工作，又做了亚当不愿意做的工作：他"低下头"（约19:30）。在"受难日"，他替亚当背负了罪的刑罚，打碎了那掌管这世界的蛇的头。

因此，我们在耶稣的祷告中所听到的内容，就根植于《创世记》前三章。你可能会想，约翰后来记述抹大拉的马利亚在复活节主日清早遇到复活的主时，所插入的那句话"以为是看园的"（约20:15），是否有什么特殊含义。

没错，马利亚肯定弄错了。她一直没有认出是耶稣，直到后来耶稣开口说话，她听到那无比熟悉的口音才认出是他。也许约翰并不困惑，他看得很清楚。因为耶稣就是亚当没能成为的那个看园的。耶稣的心意是要透过福音的广传（太28:18-20），让福音进入父所赐给他之人的生命中（约17:2），从而将复活的园子拓展到地极。

父就要用这种方式荣耀子，就像子当时荣耀父一样。

191 子的喜乐

耶稣为着他的荣耀所做的祷告，也关乎他的喜乐。《希伯来书》的作者告诉我们，"他因那摆在前面的喜乐，就轻看羞辱，忍受了十字架的苦难"（来12:2）。

这不是说我们的救主在世上的旅程就没有喜乐。根本不是这样。圣经特意提到他"被圣灵感动就欢乐"（路10:21）。但是在这个与他完全的圣洁格格不入的世界上，他永远无法真正感到"像回家一样"，也无法彻底"安下心来"。他必定觉得自己不属于这世上的罪恶文化，乃是属于天上那圣洁的气氛。也许我们与此最接近的体会就是乡愁。

威尔士有一个专门描述乡愁的词：希赖斯（*hiraeth*）。《牛津英语词典》对这个词的定义是："对不在眼前的或者已经失去的人或物深深的渴望、怀念、怀旧。"⑥

我们对罪太熟悉了，所以不觉得罪有多么邪恶。我们已经在罪中呼吸了太久，根本尝不出也闻不出罪的臭味。我们觉得罪很正常。所以我们很少觉得神的儿子愿意"成为人的样式"（腓2:7），与我们呼吸同样的空气，是一件奇妙的事。我们因为对罪太过熟悉，就失去了对罪的敏感，无法想象罪对耶稣来说到底意味着什么。

也许有一个寓言故事可以帮助我们理解。

吸烟国的陌生人

有一位陌生人一辈子都住在高地。这里有清澈见底的溪水，鲜花盛开，绿树成荫，山里的空气也干净无

---

⑥ 《牛津英语词典》，见"*hiareth*, n."词条。2020年6月24日查看，链接：https://www.oed.com/view/Entry/85866024?redirectedFrom=hiraeth#eid。

比，整个环境没有一点污染。这里的人全都长生不老。

但是这位陌生人的父亲告诉他，有一片遥远的国土，空气污染很严重，住在那里的人年纪轻轻就死了。那片国土之所以有污染和死亡，是因为那里的人会将一种植物卷成管状，点着之后放到嘴里吸它产生的烟雾。他们不知道这些烟雾是有毒的，反倒觉得这样做无比快乐。他们以为这种烟雾可以让他们永葆健康，还可以保护他们。他们觉得要想过上美好的生活，一定离不开这种烟雾。

这个国度的国家议会从来没有颁布过相关法律来禁止这种行为。他们一边倒地认为公民不吸烟才是不可接受的。他们对这种点着的植物发出的气味太上瘾了，即便自己身上、头发和衣服上粘满这种气味，他们也闻不出来。他们以为吸烟虽然让自己的皮肤发黄、眼睛无神，却能让他们更有魅力。

这位陌生人和他的父亲深深地为这片土地感到悲伤。他们决定让这位陌生人前往这片土地，去指导那里的人，帮助他们清除这片土地上的污染，并协助他们订立一个条约，确保那里也有干净的空气，让大家都能保持健康，长生不老。

于是这位陌生人就来到了吸烟国。

这里的公民看到这位陌生人从不吸烟，就觉得不舒服。他开始向他们讲述自己那片土地。他告诉他们那里的人都不吸烟，空气很清新，河流清澈见底，每个人都健健康康。他告诉他们那个国度的人全都长生不老。他还告诉他们，他父亲就是那片土地上的统治者。是父亲派他到吸烟国来，帮助这里的公民戒烟，让他们的土地不再被毒气笼罩。他向他们承诺，他们的空气将变得干干净净，他们的呼吸将变得清爽，他们的衣服上不会再散发着那种植物的味道。他们会觉得自己完全变成了一个新造的人！

但是吸烟国的公民非但不羡慕他那明显更健康的身体，不听他的忠告，反而很愤怒。他们根本不相信这位陌生人，反倒告诉他，他们觉得他说的都是假的。他们否认自己是不健康的，也很享受自己衣服上的气味。他们根本不愿意接受他所讲的。

然而，尽管不断遭遇反对，这位陌生人还是继续发声。他恳求他们听自己说。但这只会激怒那些人。他们一起密谋，打算让他闭上嘴。

有一天他们把他围在中间，一起吸烟，将烟味喷在他身上。"吸烟！吸烟！跟我们一起吸烟！"他们反复高喊着说。

他拒绝与他们一起吸烟，他们便继续喊。后来他还是拒绝吸烟，就有更多人围住他。他们使劲挤他，嘲笑他，将那种植物点着之后冒出的烟吹到他脸上和眼睛里。他们还使劲将点着的烟管往他嘴巴里塞。但是他还是不愿意吸。他们就继续自己的恶行。他的衣服这时已经被那污染严重的烟味弄得臭熏熏的，他的脸被烟雾环绕，他的身上也沾满了他们的唾沫。他的双眼满含着泪水，内心非常渴望解脱，渴望家中新鲜的空气。但是他仍然拒不吸烟。

最后，吸烟国的公民见这位陌生人仍然不为所动，就怒火中烧，变成了暴怒的狂徒。他们有的抓住他，摁住他，有的将那有毒的植物卷成的烟管点着往他身上戳。最后，有一个人将易燃的液体泼在了这个陌生人的头上。他们拿出点那种植物的火球，将他的衣服点着。他在他们眼皮子底下被烧成了灰烬……他一直在忍受他本来觉得难以忍受的烟味，到最后也没有向吸烟国的人屈服。他们不知道的是，他将要像凤凰涅槃一样，从灰烬中复活。

我们不需要解释就能明白这则寓言故事在讲什么。圣洁的天使和天使长，还有神圣的基路伯与撒拉弗在永恒中就爱慕我们的主，并高举他。他也非常享受与父和圣灵之间彼此相爱的纯洁气氛。所以当他后来成了上面所说的这位陌生人——"忍受罪人这样顶撞的"（来12:3），该是怎样的一种感受呢？他的灵魂是无罪的，对周遭环境中的臭味异常敏感，但他却要住在我们中间。可我们却因为无法容忍他的圣洁而将他钉上十字架，请问他该是一种什么样的心情呢？

如果罗得"常为恶人淫行忧伤"，"看见听见他们不法的事，他的义心就天天伤痛"（彼后2:7–8），你觉得主不也会有深深的思乡之情（*hiraeth*）吗？

他只是很少表露出来而已。但是他确实会有这样的感受，尤其是在他刚登山变像下山的时候，因为他刚呼吸了天上纯洁的空气："嗳！这又不信、又悖谬的世代啊，我在你们这里要

到几时呢？我忍耐你们要到几时呢？"（太17:17）

耶稣有时候肯定也渴望回家，享受未有世界以先他与父同 **195**
享的荣耀。这种盼望支撑着他度过了一切羞辱。

我们来看他是如何祷告的。他祷告时乃是来到天父的面前：
"父啊，你知道我的思乡之情（*hiraeth*），这么多年我一直思念
着故乡。但是同时我也在荣耀你！而现在最黑暗的时刻已经来
到。但是经过这个时刻之后，我将去往你那里：求你使我在你面
前得荣耀，就是未有世界以先我和你同有的荣耀。"

能够在旁边听主耶稣的这些祷告，真是一种难以言表的
特权。

我们或许可以想象一下天父此时的想法：

"我的儿子，我每一天都在看着你。我知道我差遣你去的
那个环境，几乎让你圣洁的灵魂不堪忍受。但是你一直忠于你
所领受的呼召，即成为'圣洁、无邪恶、无玷污、远离罪人'
的大祭司，你要再次被高举，'高过诸天'。（来7:26）

"你已经洗了门徒的脚，不久还要借着你流出的宝血洗净他
们的罪。很快你就将回到我的右边，重拾你之前荣耀的地位。

"我要照着所应许的大大高举你，赐你超乎万名之上的
名。我的儿子啊，天上、地上和地底下的万膝都要向你下拜，
万口都要称颂你为主。

"我要荣耀你，让你得享未有世界以先你与我同享的荣
耀。"

在这些经文中，我们有幸在一旁聆听了子（也就是三位一
体的第二个位格）与父（也就是三位一体的第一个位格）讲的
话，看到了他最想在全世界做的事，以及他对永恒的渴望。

196　　　我们知道父总是会垂听他的祷告（约11:42）。

　　父已经回应了他的祷告。他得了荣耀，万膝要向他下拜，万口要称颂他为主。

　　很多年前我去一个酒店参加会议，准备在会议上发言。我到了酒店，上了电梯。这是个非常不错的酒店，还有门童。当时门童对着前台接待处点了点头。我望过去，想看看是哪个与会人员在登记。那个年轻的门童问我，"那是埃弗里特·库伯博士（Dr. Everett Koop）吗？"（埃弗里特是美国前医疗总监，以基督教信仰而出名。）⑦我说，"是的，他一定是来参加会议的"。看到他也来参加会议，我非常激动。但是门童还说了一句更让我激动的话。他在电梯门关上的时候转过身来对我说，"就是他将我从烟瘾的控制下拯救了出来！"

　　这是个伟大的时刻。这就像一幅微缩图画，让我想到将来有一天，千千万万人都要看着耶稣基督说，"是他拯救了我！"

　　想到主耶稣为你忍受的一切，你难道不爱他吗？

　　看到父已经荣耀了他，你难道不欢喜吗？

　　既然父已经荣耀了他，你难道不也会荣耀他吗？

---

　　⑦　埃弗里特·库伯博士（1916–2013）曾经是费城儿童医院杰出的首席外科医生，1982到1989年担任美国医疗总监。

第十二章
父所赐的礼物

《约翰福音》17章6至19节

　　"你从世上赐给我的人，我已将你的名显明与他们。他们本是你的，你将他们赐给我，他们也遵守了你的道。如今他们知道，凡你所赐给我的，都是从你那里来的；因为你所赐给我的道，我已经赐给他们。他们也领受了，又确实知道，我是从你出来的，并且信你差了我来。我为他们祈求，不为世人祈求，却为你所赐给我的人祈求，因他们本是你的。凡是我的都是你的，你的也是我的，并且我因他们得了荣耀。从今以后，我不在世上，他们却在世上，我往你那里去。圣父啊，求你因你所赐给我的名保守他们，叫他们合而为一，像我们一样。我与他们同在的时候，因你所赐给我的名保守了他们，我也护卫了他们；其中除了那灭亡之子，没有一个灭亡的，好叫经上的话得应验。现在我往你那里去，我还在世上说这话，是叫198他们心里充满我的喜乐。我已将你的道赐给他们，世界又恨他们；因为他们不属世界，正如我不属世界一样。我不求你叫他们离开世界，只求你保守他们脱离

那恶者。他们不属世界，正如我不属世界一样。求你
用真理使他们成圣，你的道就是真理。你怎样差我到
世上，我也照样差他们到世上。我为他们的缘故，自
己分别为圣，叫他们也因真理成圣。"

"耶稣所爱的那门徒"非常清楚为什么犹大离开之后，
房间里的气氛马上就变了。但是他是否在想，犹大到底去了哪
里，在做什么？目前为止，除了"灭亡之子"犹大以外，耶稣
还没有"失落"一个门徒，但是其他门徒到底会怎么样呢？耶
稣刚才说门徒都要分散是什么意思？

还有彼得。他当时对耶稣洗脚的反应，会让他觉得不好意
思吗？如果是这样，那么当主告诉彼得天亮以先他要三次不认
主（约13:38）的时候，彼得岂不是更无地自容吗？还是彼得想
当然地误解了耶稣的意思？

但是现在所有门徒都安静了下来，因为耶稣在祷告。门徒
之前从未听耶稣这样祷告过。

四福音书中记载的耶稣的祷告都非常简明扼要，只有这一
199 次例外。这次祷告中，耶稣为自己祷告，就像大祭司在赎罪日
为自己献祭一样。没错，耶稣这次祷告的用词依然非常简单，
门徒很容易明白耶稣在说什么。但是耶稣的祷告超出了他们的
理解能力，因为耶稣提到了神的荣耀，还说神的荣耀就是他自
己的荣耀！

现在耶稣切换到了新的话题上。他已经为自己祷告过了，
这时他开始为同工祷告，也就是在整个侍奉生涯中一直跟随他

的那十一个人，就像大祭司为其他一同服侍的人献祭那样。这十一个人都是耶稣的"朋友"，是他属灵的家人。

这是圣经中篇幅最长的祷告，占了半章之多。

耶稣有太多事项要为这些人祈求。虽然他在《约翰福音》17章6节就开始专注于这些人，但是一直到中间的11节，才开始为着具体事项为他们祷告。他前半部分一直在描述他们，并没有为他们代求！

父所赐的礼物

门徒是父出于爱赐给子的礼物。虽然耶稣在祷告的其他部分（约17:2、24）也这样描述门徒，但是此处更为密集。他一再重复类似的说法：

6节："你从世上赐给我的人，我已将你的名显明与他们。"

6节："他们本是你的，你将他们赐给我。"

9节："我为他们祈求，不为世人祈求，却为你所赐给我的人祈求。"

11节："求你因你所赐给我的名保守他们。"

请想象一位年轻的基督徒弟兄爱上了大学里的一位女生。 **200** 他在为他们的关系向神祷告。他在神面前提起她的时候会怎么说？一开始他可能会先描述一下她："主啊，她是如此美丽，我爱她的一切。主啊，她也爱你……我觉得你让我们俩走到一起真是太奇妙了。主啊，求你……"

这个年轻人并不天真。他明白神知晓一切，用不着他再说。他向神敞开心扉，告诉他这个女生为什么对他如此重要。

我们如果爱一个人，就会在为对方代祷时，不由自主地向神描述他们。所以耶稣也告诉父这些门徒对他为何如此重要。也许在这些真情流露的时刻，耶稣也希望门徒听到他祷告时是怎么称呼他们的。耶稣最喜欢用这种方式称呼他们，而不是将他们称为"门徒""使徒"甚至"朋友"。他虽然也用这些称呼，但是他们首先是父所赐给他的人（约6:39）。

耶稣毫无保留地照着门徒的本相爱他们，尽管他并不希望门徒保持这种状态！但是最触动耶稣的，乃是他们是属于父的，是父出于爱赐给他的礼物。他们的首要价值并不在于他们自己，而在于他们是父所爱的。父其实是在说，"我的儿子，我深爱着这些人，现在我要将他们赐给你，好让你拯救他们"。

这当然是三一神的计划。父、子和圣灵同心合意地计划拯救这些人。

201 这样的拯救需要他们先蒙父的拣选才行。因为人是背叛神的，不会先选择信靠神、爱神。

这也需要道成肉身的子献上自己为祭，因为有罪的人无法为自己赎罪。

这也需要圣灵动工，让他们重生，相信基督，因为灵里死亡的人不能自己复活。

父、子和圣灵就是三位一体的主耶和华神，这三个位格在永恒中共同计划了这一切。但是现在当这个计划逐步展开的时候，门徒有幸在旁边听到了道成肉身的子如何在父面前提到他们。

耶稣这样描述他们，会不会让他们大吃一惊？他们当时或者过后会不会想："我真是这样吗？他刚才说'父自己爱你们'（约16:27）真是这个意思吗？主啊，这爱真是太奇妙了！我竟然是父出于爱赐给你的礼物！"

这节经文中，耶稣只是在为当时的门徒祷告（约17:9）。但是新约其他地方明确表示，每个门徒都是父赐给子的（弗1:4；彼前1:2）。我们在主耶稣眼中有永恒的价值。不是因为我们有什么内在价值——我们现在毫无价值，只因为我们是父赐给他爱的礼物。父借着这个礼物表明他是多么爱我们。耶稣这样描述门徒，也表明了他是多么爱门徒。门徒透过这个祷告发现，他们每个人都可以说自己是"耶稣所爱的那门徒"（约21:20）了。

当我们像这些门徒一样信靠基督时，我们也可以说自己是"耶稣所爱的那门徒"。因为：

> 耶稣之爱究竟如何   **202**
> 惟有蒙爱才得说清。①

恩典的链条

各种"链条"或者彼此相连的环将父与子、子与父连在了一起，然后又将门徒与父和子连在了一起。比如，父爱子，子爱门徒。父差遣子，子差遣门徒。

---

① 出自赞美诗《耶稣，每逢想念你》（Jesus, the Very Thought of Thee），有人认为作者是克莱尔沃的伯尔纳铎（Bernard of Clairvaux），由爱德华·卡斯瓦尔（Edward Caswall；1814–1878）翻译。

但是耶稣的祷告中专门提到了两个"链条"。

荣耀的链条

一是"荣耀的链条"。父是无比荣耀的父。子要来荣耀父。因此父将荣耀给了子（约17:1-5）。而子也要在门徒身上得荣耀（10节）。实际上，子将父赐给他的荣耀给了所有门徒（22节）。子对门徒最终的心意是让他们看到未有世界以先父所赐给他的荣耀（24节）。这一切都要借着圣灵才能成就。圣灵就是耶稣要从父那里差来的另外一位帮助者："只等真理的圣灵来了……他要荣耀我，因为他要将受于我的告诉你们。凡父所有的，都是我的，所以我说，他要将受于我的告诉你们。"（约16:13-15）

但是圣灵到底要怎样"告诉"你们呢？答案就在第二"链条"，即神之道的链条。

道的链条

耶稣已经指出，圣灵要加给使徒能力去做的一部分工作，就是为教会写下我们所说的新约圣经，其中就包括耶稣的教导、耶稣对教导的解释，以及耶稣将来要做之事的意义。圣灵会提醒他们想起耶稣的教导，让他们明白这些教导的含义。这样他们就有能力写出四福音书和其他新约书卷（约14:26）。圣灵要在《使徒行传》所记载的那段时间，带领他们进入有关基督的真理当中，让他们能够用书信讲解"耶稣里的真理"（约16:13；弗4:21）。圣灵也会透过《启示录》和其他书信向他们展示将要发生的事。

203

但是耶稣祷告的时候，将这一点放在了更大的背景下：

他提到：父赐给子的道（约17:8）。

就是：子赐给使徒们的道（约17:8）。

这是：使徒们所领受的道（约17:8）。

也是：使徒们所遵守的道（约17:6）。

于是他们就渐渐认识了基督的身份，也渐渐相信他就是父所差来的子（约17:8）。因此世界就恨他们（约17:14）。

于是耶稣祷告说：他们所领受的道要使他们成圣（约17:17）。

他还为他们所传讲的道祷告，好叫别人相信这道（约17:20）。

下面列出了"荣耀的链条"与"道的链条"不可思议的平 **204**
行对照：

荣耀属于父；

父将荣耀赐给子；

子将荣耀赐给使徒们；

这荣耀借着使徒们的侍奉

彰显给了

所有门徒。

而这一切之所以能够发生，是因为：

道属于父；

父将道赐给子；

子将道赐给使徒们；

这道借着使徒们

赐给了

所有门徒。

我们在讨论新约的权威时，经常诉诸于"著名经文"，比如《提摩太后书》3章16至17节。但是从某些方面来看，耶稣在马可楼上说的这些话甚至比《提摩太后书》这处经文更基本：我们从使徒那里领受的道，是子借着圣灵的侍奉赐给他们的。而基督的道又是从全能的父赐下的！

所以我们可以相信使徒所传的道。我们正是借着圣灵所赐下、又光照我们明白、应用在我们生命中的圣经，才得蒙保守，得以成圣，并最终得荣耀的。当我们在圣经中"敞着脸得以看见主的荣光"时，我们"就变成主的形状，荣上加荣"。虽然主耶稣在这里祷告的时候没有明说，但是我们已经可以透过主在这些章节的教导明确看出，这是"如同从主的灵变成的"（林后3:18）。

这就是新约圣经的目的。这也是我们研读《约翰福音》13至17章的终极目标。我们来浸入主的道吧，这样我们再出来的时候，就能更清晰、更完全地看到主的荣耀！

得蒙保守与得以成圣

《约翰福音》记载了戏剧性的一幕，即神的儿子从天上的荣耀中降世为人，好叫那些亏缺了神荣耀的人能够从耶稣基督的脸上看到神的荣耀，进而在他们生命中返照出这样的荣耀。

这时马可楼上的讲道已经"接近尾声"，耶稣在祷告求神让门徒经历上面描述的这一切。但是如果要想做到这一点，门徒就需要得蒙保守并得以成圣。于是他祷告求神"保守他们"并"使他们成圣"（约17:11、17）。

得蒙保守

门徒必须全程得蒙保守，才能抵达目的地。就像彼得后来说的，神不仅要为他们存留基业，还要保守他们承受基业（彼前1:4–5）。他有没有可能也是基于在马可楼上听到的内容，来教导那些如他们当日一样承受压力的基督徒呢？

耶稣到目前为止一直都与他们同在。他亲自保守护卫他们（约17:12）。如果门徒多少和我们有些相似（事实上就是如此），那他们可能几乎没有注意到神的保守。他们在加利利海上遇到风浪时，还有其他危急时刻，确实需要神的保守。但是在西门彼得的想象中，他会颠倒自己的角色，认为是自己保护了主。大概一个小时之前，彼得还信誓旦旦地说要舍命保护他的主（约13:37）。而一个小时之后，他真的企图保护主，还削掉了大祭司仆人的一只耳朵（约18:10–11）。他根本不了解自己是何等不堪一击。他才是需要被保守护卫的那一方。于是耶稣将彼得和其他门徒带到父的面前："父啊，他们脆弱不堪。但是目前为止我一直与他们同在，走在前面保护他们，在四周护卫他们。除了犹大之外，没有一个失丧的，因为犹大从来都不真正属于其中一员。我就要离开这个世界，他们只能留在这

206

里，不得再见我的面。可是他们靠着自己根本活不下去。父啊，求你保守他们，让他们彼此合一，这样他们就会有美好的团契相交，大有能力地为福音作见证，吸引人归向我。”

耶稣求父如何保守他的门徒？他根本没有求父叫他们离开世界（约17:15）。他只是祷告说，“求你用真理使他们成圣，你的道就是真理”（约17:17）。

得以成圣

这是什么意思？有一个线索：过一会耶稣会说他为门徒的缘故已经成圣或分别为圣（17:19）。

在新约当中，“成圣”可以指渐进的、持续的洁净，但是它通常也指神彻底地、决定性地预定了我们，让我们归于他自己。

207 假如你家客厅需要一张新沙发，而你碰巧在广告上看到一张看上去非常满意的沙发。但是当你赶到沙发店，却发现沙发上贴着一张纸，写着“已经预定”。已经有人来到店里买下了它。你无法再得到这张沙发。这张沙发要留给别人，即便买主眼下还没有将它运回去。你只得放手！

耶稣也是这样为他们祷告的。他求父保守门徒，将他们分别出来归于他自己。他给我们贴上了“已预定”的标签。我们现在都成了他的。我们是为他存留的。

但是门徒透过什么方式才能成圣呢？答案似乎有些矛盾。他们将透过一开始会让他们身处险境的事成圣。他们将遭受逼迫，因为他们持守父赐给子，子赐给他们，又让他们传给别人的道（约17:8、20）。但是这道也要保护他们，“为神

存留"。所以耶稣祷告说，"求你用真理使他们成圣"（约
17:17）。

马丁·路德的良心被神的道征服时就体验到了这种矛盾。
因为正是他为之受逼迫的道保守了他！所以经历这一切之后，
他才能唱出：

> 魔鬼虽然环绕我身，向我尽量施侵凌，
>
> 我不惧怕，因神有旨，
>
> 真理定能因我胜。

> 幽暗之君虽猛，不足令我心惊，
>
> 他怒，我能忍受，日后胜负必分，
>
> 主言必使他败奔。

> 此言权力伟大非常，远胜世上众君王，
>
> 圣灵恩典为我所有，因主耶稣在我方。

> 亲戚货财可舍，渺小浮生可丧，
>
> 他虽残杀我身，主道依然兴旺，
>
> 上主国度永久长。②

耶稣在这里祷告，求神用他的道保守门徒远离这个世界的
敌意，因为他要差遣他们进入这个世界（约17:11、13-14），

---

② 出自赞美诗《上主是我坚固保障》，作者马丁·路德。

也保守他们不因肉体的影响而软弱、分裂（约17:11），同时保守他们脱离魔鬼的诡计，因为魔鬼一直想毁坏他们（约17:15）。

我们的主在这里祷告不是为了"叫别人看见"，而是为了叫天上的父听见（太6:5–6）。然而他也告诉父为什么此时希望门徒听见他的祷告。因为他希望门徒知道他最深的心意乃是："我还在世上说这话，是叫他们心里充满我的喜乐。"（约17:13）

这也回应了他之前所说的。他的道要让他们在这个充满重压和忧愁的世界中满有喜乐（约15:11）。他希望门徒知道自己是如何为他们祷告的，这样当主借着这个世界的反对"修剪"他们时，他的道就可以丰丰富富地住在他们里面（参见约15:3、7、10）。这样他们就能得蒙保守，受到神的护卫，专门被预订，单单归于神。耶稣的服侍并没有在马可楼上结束。他此时依然在父右边为百姓祷告。他永远活在天上，在父面前为他的百姓代求（罗8:34；来7:25，9:24）。就像从前的作者们常说的，《约翰福音》17章也描写了耶稣现在为全教会代求的画面。

使徒们竟然能聆听主的话，得听主真实的想法，这是何等的特权。

他们得知自己对神儿子来说那么重要，这是何等的特权。

他们了解到父是出于爱将他们赐给子，这是何等的特权。

他们听到主祈求他们得蒙保守，这是何等的特权。

我们竟然也得听这些话，得知救主的心声，这是何等的特权。

　　这样的特权只会越来越多，后面还有更多特权。现在我们先听一听主到底是如何为我们祷告的。

第十三章

他为我祷告

《约翰福音》17章20至26节

　　"我不但为这些人祈求，也为那些因他们的话信我的人祈求，使他们都合而为一。正如你父在我里面，我在你里面，使他们也在我们里面，叫世人可以信你差了我来。你所赐给我的荣耀，我已赐给他们，使他们合而为一，像我们合而为一。我在他们里面，你在我里面，使他们完完全全地合而为一，叫世人知道你差了我来，也知道你爱他们如同爱我一样。父啊，我在哪里，愿你所赐给我的人也同我在那里，叫他们看见你所赐给我的荣耀；因为创立世界以前，你已经爱我了。公义的父啊，世人未曾认识你，我却认识你，这些人也知道你差了我来。我已将你的名指示他们，还要指示他们，使你所爱我的爱在他们里面，我也在他们里面。"

　　在读完圣经一卷书，或者听完（甚至讲完）一卷书的系列 **212** 讲道时，你有没有感觉才触及了一点皮毛？仿佛还有太多地方都没有弄明白，才刚刚入门！

约翰描述了耶稣钉十字架前在马可楼上的活动，我们已经读到了这一事件的最后几节经文。我们此时如果也有以上感慨，并不奇怪。这些内容只是一个开始。但这些内容也将我们引向了耶稣祷告的最后几句话，即《约翰福音》17章20至26节。

路德宗神学家大卫·奇特里乌斯（David Chytraeus；1530–1600）大概是首位将这一章称为耶稣大祭司祷告的人。不管约翰是否这么想，我们都发现这一章的结构，恰好反映了犹太大祭司为赎罪日献祭做准备的三个侍奉阶段。他要先为自己代求，然后为祭司家族中的其他人代求，最后为全以色列代求。

同样，耶稣也为他自己祷告，因为摆在他前面的是通往客西马尼园、骷髅地和园中坟墓的一条苦路。但是这条苦路的尽头就是荣耀。

然后耶稣为身边的同工和家人祷告，就是"从起头"（约15:27）就与他同在的十一使徒。这些门徒受耶稣差遣，要带着他的道进入这个世界，所以他们需要神的保护。耶稣祷告求父，借着父所赐、他又赐给使徒的道让他们成圣。

但是到了这一章的最后几节，我们也遇到了一些没有预料到的事。耶稣的祷告超越了他在世的限度。他"为那些因他们（使徒）的话信我的人祈求"（约17:20）。

213 耶稣这个祷告也在《使徒行传》和新约书信记载的事件中得到了回应。但是耶稣祷告时关注的范围更广。只要我们是信徒，耶稣这些话就在为我们祷告。因为我们也属于透过使徒的话相信基督的人（约17:20）。

此外，由于这个祷告记录了基督在受难当晚的内心活动，所以也能透漏一些他复活升天之后对我们的心意。既然他当时这样为我们祷告，我们也可以发现他现在对我们的心意。所以从本质上来说，他的代求不只会鼓励我们，给我们确据，还会教导我们如何活在救主的旨意当中。

因此，我们要经常回过头来读这些祷告，明白基督想要什么。

耶稣想要什么

他为合一而祷告。"我不但为这些人（即使徒）祈求，也为那些因他们的话信我的人（包括我们）祈求，使他们都合而为一。正如你父在我里面，我在你里面，使他们也在我们里面，叫世人可以信你差了我来。"（约17:20–21）

耶稣这里所指的不是一种宏大的世界范围内的组织上的合一。能够让教会抵挡阴间之门的，不是组织架构，而是属灵的生命力（太16:18）。耶稣所设想的这种合一的原型，就是父与子亲密的彼此内住（"正如你父在我里面，我在你里面"；约17:21）[1]。就像父与子一起活在圣灵的团契相交中，每个信徒也都有圣灵的内住，所以信徒之间的团契相交也应当显出父与子团契相交的样子。

这个世界上根本找不到这样的合一。无论是俱乐部、体育**214**队，还是学校的团队精神，都无法体现出这种合一。因为这类关系都是自然性的，都是基于共同的利益或委身。但是门徒的

---

[1]　为了避免出现神学上的谬论，我们应当基于神是"一个本体"这一点，认识到耶稣不是将信徒的合一与神存有的合一类比，而是将教会肢体团契的本质与父和子这两个截然不同的位格之间的团契进行类比。

合一却是超自然的，其原型是神本身的存有。这是因同一位圣灵住在团契每个成员里面而产生的。

保罗看到了这种合一的含义，所以他在《歌罗西书》中论到教会大家庭的本质时写道："在此并不分希腊人、犹太人、受割礼的、未受割礼的、化外人、西古提人、为奴的、自主的。"（西3:11）

公元一世纪的教会中仍然有希腊人和犹太人，奴隶和自由人。保罗的意思不是说福音要营造一种组织上的大统一，而是因着"惟有基督是包括一切，又住在各人之内"，所以基督徒的团契相交就超越了一切自然形成的社会分支和社会部门。当基督对我们来说意味着一切，我们认识到基督借着圣灵住在我们每个人里面时，就会形成举世无双的团契相爱的纽带。原因很简单：体验到这种纽带的人不"属世界"（约17:16）。所以这样的团契相交是世人无法模仿的！

这个祷告背后是耶稣之前对门徒的教导。门徒可能像我们一样，要花些时间才能明白。但是它会彻底改变我们对彼此的看法：原来父和子已经住在这位弟兄姐妹的生命里。基督借着圣灵住在他们里面。虽然有不同的国籍、肤色、年龄、受教育程度、社会背景，但是我们在基督里都成了一体的。我们彼此之间的"差异"，只会凸显那充满神恩典的合一是多么美好。

耶稣为什么将这一点看得如此重要？我们可以猜测，但是基督没有任凭我们遐想。圣灵赐给教会大家庭的这种合一对于传福音是必不可少的，我们如果能看到这一点就好了。耶稣在祷告求神让我们合一："叫世人可以信你差了我来……使他们（门徒）完完全全地合而为一，叫世人知道你差了我来，也知

道你爱他们如同爱我一样。"（约17:21、23）

我们的主所看重的，乃是教会要成为主要的传福音机构，基督徒之间的团契相交要影响福音的传扬。

这个祷告本身对我们也有纠正作用。过去两百年左右的时间里，很多（甚至是大多数）文字、讲道和福音布道都强调"个人见证"。此外，许多基督徒将"传福音"同那些与教会几乎没有关联的组织联系在了一起。

这必定会带来两个问题。

首先，也许最明显的问题就是，即便某个人相信了基督，他们对教会的团契生活依然陌生。悔改归信仿佛与教会团契生活互不相干。但是显然，耶稣的祷告最开始得到回应的时候，即五旬节那一天，归向基督与归属于教会大家庭就是同一枚硬币的两面，彼此不可分割（徒2:41–47）。

对于第二个问题，教会和教会外的福音机构可能要承担同样的责任。若"有人问你们心中盼望的缘由"，我们每个人都"要常作准备，以温柔、敬畏的心回答各人"（彼前3:15）。但是在新约中，传福音主要不是个人行为。根据主耶稣在这里的祷告，传福音的主要媒介不是孤立的个人，而是教会大家庭。只有教会才能充分彰显传福音的果效，以及救恩那改变人心的大能。

我们这些生活在充斥着自由主义、碎片化与疏离感的当代文化中的人，明白这一点尤为重要，因为福音的真理与福音所定规的生活方式都被这个世界所弃绝。非基督徒只有在教会大家庭的团契相交中，才能够强烈感受到神的国和"新的创造"（参见林后5:17）。

216

你可能听过这样一个见证：有一位年轻女子极力反对福音和福音所定规的生活方式，有一次她很不情愿地和某个教会里的人去参加教会聚会。她很反感这些人所相信的一切。但是她心里却起了冲突："这些人分明是我不喜欢的那一类，为什么当我和他们在一起，目睹他们身上发生的一切，却觉得这才是该有的生活？他们彼此的关系、和睦的气氛、亲子关系、年轻人与老年人的关系，都让我生出这种感觉。为什么他们拥有的似乎正是我缺乏的？为什么我的内心会为此感到痛苦？"

本来就应该如此！我们此世的生活本应建立在这些根基之上，只是它们都已经被罪解构了。而在活泼的教会大家庭中，人们可以看到一个全新的世界，它并不完美，但是它让我们的生活接近神所希望的样式。

217 这也是耶稣祷告得到的回应，因为耶稣说，"……使他们都合而为一……叫世人知道你差了我来，也知道你爱他们如同爱我一样"（约17:21、23）。

难怪耶稣会为我们的合一祷告。

在思想接下来的内容之前，我们要留意一个容易忽略的细节。耶稣解释了这种合一的起因："你所赐给我的荣耀，我已赐给他们，使他们合而为一，像我们合而为一。"（约17:22）

基督缔造了一种新的团契相交，而它的原型就是基督与父彼此内住的关系。这种团契相交的目的就是让世人渐渐相信他。而门徒彼此团契的起因，也是基督将父起先赐给他的荣耀赐给了他们。

这可能意味着什么？我们知道神不会将他的荣耀给假神（赛48:11），那他又怎么会将荣耀给人呢？

我们在这里又遇到了保罗所说"神深奥的事"（林前
2:10）。所以我们应当怀着敬畏的心前行。如果我们从约翰的
记录中，看懂了耶稣的教导是如何一步步推出这个结论的，就
会对神生出敬畏之心：

一、耶稣提到过他与父的团契关系，所以他给了我们一个
　　线索，帮助我们明白他的意思（约10:30，14:11）。
　　他与父原为一，这不是因为他在位格上与父是同等
　　的②，而是因为他与父有个人性的联合（约17:11，参
　　见8、22节）。

二、父住在子里面，子又住在父里面（约1:1、18，14:10-
　　11，17:23）。所以他们的一切都是共有的，唯一的不
　　同是，一个有父的位格，一个有子的位格。③

三、因此父与子拥有、分享并传递同样的荣耀。

四、既然子在道成肉身期间仍然与神"面对面"，仍然"在
　　父怀中"（约1:18），这种彼此的内住就没有停止。　**218**

五、如果是这样，父与子彼此传递的荣耀也没有停止。因
　　此，父赐给子的荣耀也在子的人性中彰显了出来（约
　　1:14，2:11，12:28，17:1、4、5）。

六、因着圣灵的到来，住在彼此里面的父和子现在也要住

---

② 这样会导致异端形态论的产生，即认为父、子和圣灵只不过是同一个
神的不同表现而已，并非三个属于同一本体和同一存有的不同位格。

③ 这是构建三位一体教义的必备要素：神性的三个位格同有一个存有或
本体，但又截然不同，因为父有父的属性，子有子的属性，圣灵是从父和子发
出的。参见《威斯敏斯特信条》2章3节："在神的统一性中有三个位格，即圣
父神，圣子神，圣灵神，同实质、同权能、同永恒。"

在信徒里面，以信徒作为他们的家（约14:23）。

七、既然是这样，主耶稣人性中所彰显的荣耀也要彰显在一切与他联合之人的身上。

八、由此，父将荣耀赐给了与父不同位格却彼此合一的子，这荣耀也要彰显在由不同个体组成的合一的信徒团契中。

简而言之，耶稣所祷告祈求的，是世人走进教会的时候，就感叹原来不同的碎片也可以拼在一起，将耶稣的面光彰显出来。因此，当我们的主为各个世代信徒所做的祷告应验在当地教会大家庭中时，基督的荣耀就会显现出来。于是我们的敬拜和团契相交本身就有福音的魅力。这也会引起非信徒的关注，吸引他们来到基督面前。

既然是这样，我们的教会成为撒但攻击的目标也就不足为奇了。

219 我们之前在《使徒行传》中看到，撒但恐吓教会的策略失败时，他就转而使用第二种伎俩，即挑起教会中弟兄姐妹的野心，像亚拿尼亚和撒非喇那样产生错误的动机和行为（徒5:1-10）。但是我们的主在《约翰福音》17章所做的祷告也应验在了耶路撒冷教会。因为神以大能保守他们，用他的道使他们成圣。于是发生了一些重要的事：

一、徒5:11：全教会……都甚惧怕

二、徒5:13：其余的人没有一个敢贴近他们，百姓却尊重他们。

三、徒5:14：信而归主的人越发增添，连男带女很多。

这种模式有别于二十世纪晚期和二十一世纪早期所流行的传福音的论著。那时所推崇的是"体贴慕道友"模式。而此处耶稣祷告的应验，体现在教会让人产生的敬畏感上。《使徒行传》的模式是：

一、教会是圣洁的；

二、神的百姓敬畏神；

三、非信徒的反应很复杂，他们不敢加入教会，因为神的百姓蒙神的道保守并忠于这道，活出了圣洁的生活，这让罪人内心感到矛盾；

四、水闸打开，归信的人天天加增。

如果基督为教会所做的祷告是这样应验的，你不觉得这也 **220** 体现了他对当今教会的心意吗？

这也引出了主最后的几句话。

耶稣对我们的心意

如果在《约翰福音》前面这些章节中我们仿佛踏在圣地上，那么到了17章24节就相当于进入了至圣所。

请听一听耶稣如何为我们代求："父啊，我在哪里，愿你所赐给我的人（即因着使徒的话而信他的人，包括今天的基督徒）也同我在那里，叫他们看见你所赐给我的荣耀；因为创立世界以前，你已经爱我了。"（约17:24）

请留意这里的主要动词——"愿（*thelō*，我想，我愿意）……"

再过一小时左右，耶稣将在客西马尼园用一种截然不同的方式祷告："他就稍往前走，俯伏在地祷告说：'我父啊，倘若可行，求你叫这杯离开我；然而，不要照我的意思……'"（太26:39，马太在这里同样用了同一个动词"*thelō*"）。

这两个祷告迥然不同，却又紧密相连。

正因为耶稣将在客西马尼园发出那句祷告"不要照我的意思"，他才能在马可楼上祷告说"愿……"。他将在骷髅地被神遗弃，所以他本能地不想去那里，尽管如此他仍然愿意喝下神审判的杯。因此他才能在这里说，"愿你所赐给我的人与我同在……看见我的荣耀……而且不是在这里偶然一瞥，而是看到你赐给我荣耀是因为在永恒中对我的爱！"

221 耶稣在生死攸关的时候，仍然挂念着我们。他的心愿是让我们看见他的荣耀。所以保罗大有信心地宣告说："基督是我们的生命，他显现的时候，你们也要与他一同显现在荣耀里。"（西3:4）他祷告求神让这一切发生。

但是耶稣为何如此强调要我们看见他的荣耀呢？

接下来的经文提供了一个线索："公义的父啊，世人未曾认识你，我却认识你，这些人也知道你差了我来。"（约17:25）

这个世界拒绝了耶稣的父，而且依然执迷不悟。这个世界也拒绝了他。门徒已经同他在一起三年了，他们在近距离观察他。他们将看到耶稣最后被这个世界拒绝。我们也在历史上、在我们一生中，甚至在我们自己的生命中继续见证这种拒绝。

耶稣想让那些见证了他羞辱的人，也看见他的荣耀！

1987年夏天，温布尔登网球锦标赛的男单冠军得罪了很多人。男单是温布尔登网球锦标赛的四大网球分类赛之一。当时澳籍男单冠军帕特·卡什（Pat Cash）没有谦卑地等待英国皇室成员为他颁发奖杯，而是大胆地爬上看台，向他的父亲和他的支持团队致意。锦标赛主席虽然对他说要好好享受这一刻，却也叮嘱他下不为例，因为他让皇室成员等了很久！

尽管大赛主席如此叮嘱，卡什后来评论自己的出格之举时还是认为："这就是一切的意义……团队。团队真的太重要了。"后来有很多人引用这句话。因为还没有观众为他喝彩的时候，在刻苦训练的时候，在成绩毫无起色的时候，团队一直在陪着他。某种意义上他等于在说，"我现在想和他们在一起，也希望他们和我在一起，看到我的荣耀"。

即使从人的角度看，我们也能理解，耶稣肯定也有这样的想法。所以他祷告说：

"圣父，我将这十一个一直与我同在的人带到你面前。"

"我本要独自去赢取胜利。但是你将他们赐给了我，叫他们与我同在，奉差遣去传你的道。他们是我的朋友。"

"他们必看见我被人藐视，被人厌弃，看到我多受痛苦，心怀悲伤，经历十字架的羞辱——挨打、受辱、被剥去衣服、赤身露体。他们中间还有一些人将见证我在各各他经历被遗弃的感觉。"

"父啊，将来还有人因为这些人的服侍而信靠我。他们也要看到我的名被亵渎，他们中有许多人要为我和福音的缘故受苦。我也为他们祷告。"

"圣父，我希望他们都看见我的荣耀，看见你在永恒中对我的爱是何等奇妙，我希望他们与我同在，与我们同在，直到永远。"

是的，我们曾看见主耶稣被人贬低。我们曾听见他受人轻视。我们与他相联合，因此能感受到这痛苦。我们软弱时也感到力不能胜。因此，请记住，他也为我们祷告了："父啊，我在哪里，愿你所赐给我的人也同我在那里，叫他们看见你所赐给我的荣耀；因为创立世界以前，你已经爱我了。"（约17:24）

223　　如果你也是父赐给子的人，请记住：

他如何为彼得祷告，也如何为你祷告。

记住，父总是垂听耶稣的祷告，必然也会垂听耶稣为你所做的祷告。

记住，他已经将父的名指示你，领你进入他的家。

记住，他爱你，就像天父爱他一样。

记住，父的独生爱子借着圣灵住在你里面。

记住，他已将他的道赐给了你。

记住，他已显明了他的心意，他要你与他同在，看见他的荣耀。

这一切被记载下来，是要叫他的喜乐存在你心里，使你的喜乐可以满足。

耶稣为了使这一切成就在我们身上，就祷告说："公义的父啊，世人未曾认识你，我却认识你，这些人也知道你差了我来。我已将你的名指示他们，还要指示他们，使你所爱我的爱在他们里面，我也在他们里面。"（约17:25-26）

林格尼尔福音事工是史普罗博士于1971年发起并成立的国际基督教门训机构，其宗旨是努力向更多人完整地宣扬、教导并捍卫上帝的圣洁。林格尼尔图书馆的标识已经成为世界各地和多种语言中值得信赖的标志。

在大使命的激励下，林格尼尔福音事工在全球以书面和电子产品形式分享门徒训练的资源。我们正努力将一系列值得信赖的书籍、文章和教学视频，翻译成四十多种语言文字并配音。我们渴望帮助基督徒明白自己所信的是什么，为何要信，如何实践以及如何分享信仰，借此支持耶稣基督的教会。

zh.ligonier.org